안녕한 죽음

두려움을 넘어
평온한 마지막을
준비하는 지혜

안녕한 죽음

구사카베 요 지음

조지현 옮김 | 박광우 감수

우
생각의달

인간의 미래는 예정되어 있다. 죽음은 실패도, 형벌도 아니다. 우리는 모두 공평하게 '시체'가 된다. 그런데 죽음 앞에서 선택할 수 있는 게 고작 관 종류나 수의 따위뿐이라면 뭔가 단단히 잘못된 거 아닐까?

완화의료 전문가인 저자는 수없이 많은 죽음을 목격한 사람이다. 살리기 위한 의학의 결정이 때로는 죽음보다 더 잔인한 상황으로 환자를 밀어넣는다는 걸 경험으로 안다. 의학적 처치는 방법의 하나일 뿐 전부가 아니라서 때로는 포기해야 한다는 것도. 고치겠다거나 살리겠다는 의료진의 다짐은 익숙하지만 '삶의 질'까지 담보하지는 않는다. '좋은 죽음'은 현실적인 각오와 준비로 완성된다. "연습할 수도, 반복할 수도 없는" 일이 죽음이라, "듣기 싫거나 불쾌한 정보" 역시 가감 없이 담았다. 덕분에 독자는 《안녕한 죽음》이라는 훌륭한 가이드북을 얻게 됐다.

— 장일호, 《슬픔의 방문》 작가

죽음에 대해 터놓고 말하는 사회가 되길 바라면서도 나 역시 죽음을 이야기할 때는 조심스러워진다. 죽음은 한 사람의 역사가 끝나는 순간으로 엄숙하고 숭고한 면이 있기 때문이다. 섣불리 가치판단을 내리기도 어렵다. 그러나 의사이자 소설가인 저자는 '좋은 죽음'에 대해 거침없이 말한다. 재택의료를 다니며 수많은 죽음을 보아온 만큼 주저하지도, 에둘러 말하지도 않는다. 요제피눔박물관에 장기를 드러낸 채 전시된 밀랍인형처럼, 오늘날의 죽음을 적나라하게 드러낸다. 물론 그가 말하는 좋은 죽음이란 죽음 자체가 아니라 그에 이르는 방식에 초점이 맞춰져 있다.

죽음을 경험할 수 있는 사람은 없다. 우물쭈물하다가는 나의 죽음을 다른 사람 손에 맡기게 될지도 모른다. 다행히 우리는 죽음을 계획할 수 있다. 이 책은 언젠가 다가올 생의 마지막을 담담히 상상하도록, 안녕한 죽음을 맞이할 수 있도록 이끌어줄 것이다.

— 남유하, 《오늘이 내일이면 좋겠다》 작가

누구나 바란다. 마지막 순간만큼은 고통 없이, 평온하게, 만족스러운 삶이었다 말하며 눈 감기를.

한 남자의 이야기가 떠오른다. 90세까지 건강하게 살던 그는 오랜만에 나간 골프 라운딩에서 좋은 스코어를 내고 돌아와 아내와 아들, 손주들과 함께 맥주를 마시며 저녁 식사를 즐기고, 느긋하게 목욕을 한 후 본인도 의식하지 못한 채 침대에서 숨을 거두었다는 이야기다. 그야말로 더할 나위 없이 만족스러운 생의 마무리가 아닐 수 없다. 나도 이런 임종을 맞이하고 싶다는 생각이 절로 들 정도다.

나는 의사로서 많은 환자의 임종을 경험했다. 인공호흡기나 혈액투석기로 생명을 연장하고 몸 여기저기에 피를 흘리며 튜브 투성이가 되어 마지막을 비참하게 맞이하는 모습을 드물지 않게 보았다. 바라던 대로 좋은 죽음을 맞이하는 사람과 그렇지 못한 사람의 차이는 무엇일까?

　　문제는 '죽음은 연습할 수도, 반복할 수도 없다는 것'이다. 비참한 모습으로 삶을 마무리하는 환자들을 지켜보면서 '만약 이 환자가 다시 죽을 수 있다면, 그때는 이런 모습이 아닐 텐데'라고 종종 생각했다. 굳이 안 하는 게 좋았을 여러 가지 의료적 처치를 받으며 더 고통스러운 죽음의 과정을 반복하지는 않을 테니까. 잘 죽기 위한 연습이 불가능하다면, 실제 임종의 사례라도 참고하는 것이 좋다. 하지만 의료 시스템의 발전과 함께 죽음은 병원 안에 숨어들고, 점점 사람들의 눈에서 멀어진다.

　　더욱 심각한 문제는 '생에 대한 무조건적인 긍정'과 '죽음에 대한 무조건적인 부정'이다. 부정하여 죽지 않을 수만 있다면 계속 죽음을 부정하면 그만이다. 하지만 아무리 부정한다 해도 언젠가는 죽음을 반드시 마주할 수밖에 없다. 그렇다면 미리 죽음을 대비하는 편이 낫다.

외국에서는 재해 등으로 사망자가 발생하면, 시신을 여과없이 그대로 보여준다. 하지만 일본에서는 그렇게 하지 않고 있다. 비참한 현실을 숨김으로써 사람들을 보호하기 위함이지만, 위기에 대한 준비를 소홀하게 만들기도 한다. 그래서 자신이나 가족의 죽음이 눈앞에 닥쳤을 때 당황하고 혼란스러워하다가 서툰 임종을 맞는 경우가 적지 않다. 안타깝지만 그때 가서 아무리 후회해도 소용없는 일이다.

죽음을 가까이에서 대하는 직업을 갖게 되면, 잘 알려져 있지 않은 죽음의 현실이나 의외의 측면을 엿볼 수 있다. 젊은 시절, 나는 외과의사로서 암 환자를 치료하면서 의료의 한계와 과잉 의료의 폐해를 경험했다. 처음 환자의 죽음을 경험했을 때의 충격, 그리고 암으로 환자를 잃었을 때의 울분과 슬픔이 지금도 잊히지 않는다.

당시 내가 열정을 쏟았던 분야는 말기 암 환자에 대한 완화의료였다. 의사의 사명은 환자의 목숨을 구하는 것이지만, 죽음이 임박한 환자에게도 의료적 도움이 필요하다고 생각했기 때문이다. 환자가 어떻게든 좋은 임종을 맞이할 수 있도록 나름대로 노력했지만, 말기 암 환자를 돌보는 과정에서 발생하는 여러 가지 불가피하고 곤란한 상황들로 인해 나는 정신적으로 매우 힘든 상태였다.

그러던 중 나는 우연한 기회를 잡아 외무성 소속 의무관이 되었고, 말기 암 환자와 마주해야 하는 현장을 벗어났다. 그렇게 나는 사우디아라비아, 오스트리아, 그리고 파푸아뉴기니에서 근무할 기회를 얻었다. 전혀 계획에 없던 이직이었지만 현지에서 다양한 나라의 말기 환자에 대한 의료를 경험하고 삶과 죽음을 대하는 여러 가지 관점을 접하면서, 죽음에 대한 생각이 크게 바뀌었다.

의무관을 끝내고 귀국한 후에는 다시 의료 현장으로 돌아와 주로 노인을 돌보는 일을 했다. 노인 데이케어(자택에 거주하는 노인들에게 하루 중 일정 시간 돌봄을 제공하는 복지센터로, 주로 입원환자를 돌보는 한국의 요양원과는 차이가 있다_번역자) 시설의 병설 클리닉에서 4년, 재택의료 클리닉에서 13년을 근무했다. 그곳에서 마주한 노인들의 모습은 나의 상상을 아득히 뛰어넘었다. 본인의 집에서 편안하게 맞이하는 임종, 한층 더 좋은 죽음을 몇 번이고 경험했다.

현장에서 나는 세간에 퍼져 있는 정보가 얼마나 편향되어 있는지를 실감한다. 듣기 좋은 이야기나 안심시키는 정보는 넘쳐난다. 반면, 듣기 싫고 불쾌한 정보는 봐도 못 본 척한다. 냄새나는 것은 뚜껑을 덮어버리는 경향이 있다. 예컨대 죽기 직전에 놓는 정맥주사는 경우에 따라서 환자를 익사시키는 것과 비슷하다든지, 산소마스크는 고급스러운 원숭이 재갈과 다를 바 없다든지, 위루술은 살아 있는 시체가 되는 첫걸음이라든지 하는 것들은 세간에 잘 알려져 있지 않다.

임종이 임박한 사람에게 무엇이라도 해주고 싶은 가족의 마음은 이해하나, 그 마음이 지나치면 역효과가 일어나 환자를 괴롭게 만들 뿐이다. 의학의 발전으로 지금껏 치료하지 못했던 병을 치료할 수 있게 된 것은 더할 나위 없이 좋은 일이지만 세간에 죽음의 실태가 은폐되고 '의학의 도움을 받으면 죽음도 멈출 수 있다'는 오해가 확산된다면, 그것은 의학이 아닌 신흥 종교가 되어버린다. 누구나 의학을 신뢰하고 싶어한다. 하지만 과도한 기대는 사람들을 혼란에 빠뜨린다. 단 한 번뿐인 죽음을 원치 않는 방식으로 맞이하는 사람들만 늘어날 뿐이다.

의료기술 발전의 밝은 전망을 이야기하고, 의료에 대한 사람들의 신뢰를 높이기 위한 노력은 반드시 필요하다. 하지만 전문가와 미디어가 불쾌한 진실은 일반 대중에게 알리지 않음으로써 그들의 책임을 일부 회피하고 있다고 생각한다.

가족과 자신의 죽음이 가까워올 때 가장 좋은 선택을 하여 임종 이후에도 후회가 남지 않도록 하려면, 죽음의 실제를 정확히 아는 것이 무엇보다 중요하다. 그래서 나는 사람들이 이 책을 '죽음에 관한 새로운 교과서'로 생각하고 참고해주면 좋겠다. 괜찮다. 무섭지 않다. 불길한 것도 아니다. 익숙해질 수 있고, 가끔 웃을 수도 있다. 죽음에는 우스꽝스러운 측면도 있으니까.

　　단 한 번뿐인 죽음에 실패하지 않기 위해서, 많은 사람들이 죽음의 공포로부터 해방되고, 바람직한 마지막을 맞이하길 진심으로 바란다.

목차

목차

9 '좋은 죽음'을 맞이하려면

1

죽음의 민낯을
마주하다

죽음을 지켜볼 기회

　　일반인은 다른 사람의 죽음을 직접 볼 기회가 많지 않다. 그럴 기회가 있다 하더라도, 대부분은 가족의 죽음을 병실에서 지켜보는 정도다. 그마저도 병실에 의사와 간호사가 계속 들락날락하고, 환자에게는 정맥주사와 산소마스크, 경우에 따라서는 심전도계 모니터와 인공호흡기 같은 장비가 연결되어 있다. 이런 상황에서 슬픔과 여러 가지 복잡한 감정들이 한꺼번에 몰아치기 때문에 가족의 죽음을 냉정하게 바라보는 것은 불가능에 가깝다. 게다가 사람들에게 죽음은 피해야 할 것, 떠올리기조차 꺼려지는 것이라는 인식이 강하게 각인되어 있다. 그래서 죽음을 차분하게 살피거나 자세히 들여다볼 엄두조차 내지 않는다.

환자 본인의 집에서 임종케어•가 이루어지는 경우에도 주변에 특별한 의료기구가 없고 장소가 익숙한 공간이라는 것 외에는, 가족의 죽음을 직면하고 있는 이의 불안감은 병원에서의 그것과 크게 다르지 않다.

드물게 교통사고나 투신 자살, 익사 사고 등 누군가의 죽음을 눈앞에서 목격하는 경우도 있다. 이 경우, 목격자는 가족의 죽음을 마주할 때보다 더 크게 동요할 수도 있다. 살해 현장에서 충격적인 죽음을 목격하면 패닉에 빠지거나 실신하기도 한다.

의사도 인간이다. 처음 환자의 죽음을 경험할 때는, 일반인과 마찬가지로 크게 동요한다. 게다가 자신이 치료하고 병에 대해 설명하면서 인간적인 관계를 형성했던 사람이 죽는 것이므로, 당연히 큰 충격을 받는다. 꼭 자신이 담당했던 환자가 아니더라도, 예컨대 병

● 임종케어(End-of-Life Care)는 일반적으로 '호스피스' 또는 '호스피스 완화의료'라고 더 널리 알려진 말기환자 돌봄 서비스다. 의사, 간호사, 사회복지사 등의 전문팀이 환자의 통증과 증상을 적극적으로 조절하고 신체적, 정서적, 사회적, 영적 돌봄을 제공하여 남은 삶의 질을 향상시키는 것을 목표로 한다. 우리나라에서는 '연명의료결정법'에 따라 적극적 치료에도 불구하고 회복 가능성이 없는 말기환자들에게 서비스를 제공한다. 의료 전문가 사이에서는 '임종케어'라는 용어도 사용하지만, 일반적으로는 '호스피스'가 더 친숙한 용어다. (감수자주)

원에서 당직을 서다가 환자의 임종을 지켜보는 경우에도 한 인간의 죽음이라는 엄숙한 현실을 마주하면 견딜 수 없는 두려움을 느끼게 된다. 죽음을 마주했을 때의 감정은 환자 가족이나 아무 관련 없는 사람이나 별반 다를 것이 없다.

그러나 의사는 여러 차례 죽음을 경험하면서 점차 적응한다. '죽음에 적응한다'는 말이 무례하게 느껴질 수도 있지만, 실제로 의사들은 죽음에 익숙해진다. 익숙해지면 점차 마음에 여유도 생기고 여유가 없었을 때는 보이지 않았던 것들이 보이기 시작한다. 그리하여 죽음을 '감정을 뺀 일종의 현상'으로 이해하게 된다. 어쨌든 일반인들은 평상시에 죽음을 직시할 기회가 적기 때문에, 죽음을 과장해서 받아들이고 과잉반응을 하는 경향이 있는 것 같다.

죽음은 분명 삶의 중요한 사건이다. 그러나 마음에 여유를 가지고 바라본다면, 죽음이 꼭 불행하거나 불운해서 발생하는 일이 아니라는 사실을 알 수 있다. 언젠가는 누구에게나 찾아오는 지극히 자연스러운 일이기 때문이다. 두려운 것도, 혐오할 만한 것도 아니다. 인간의 죽음은 지극히 당연한 일이다. 이 당연한 사실을 이해하기 위해, 당장 죽음에 직면해 있지 않은 지금, 함께 죽음에 대해 생각해보려고 한다.

죽음을 판정한다는 것

요즘은 죽음도 복잡한 판정 절차를 통해 결정된다. '심정지'는 심장박동과 호흡이 모두 멈추었다는 뜻이지만, 이것이 곧 '죽음'으로 인정되지는 않는다. 심폐소생술에 의해 다시 살아날 가능성이 있기 때문이다. 물론 말기 암 환자나 회복가능성이 희박한 환자라면 심폐소생술로 다시 살아나도 식물인간 상태가 되거나 마비 증상이 남는 경우가 많다.

인간의 죽음을 판단할 때, 의사는 '죽음의 세 가지 징후'를 확인한다. 즉, 호흡정지와 심정지, 동공확장(동공이 4센티미터 이상 커지는 상태)을 모두 확인한 후에 죽음을 선언한다.

　　일반적으로 사람들은 의사가 사망 시각을 선언했을 때가 실제 사망의 순간이라고 생각하지만, 사실은 그렇지 않다. 애당초 사람이 언제 죽었는지는 엄밀하게 규정할 수 없다. 인간의 장기는 특정 순간에 일제히 기능을 멈추는 것이 아니기 때문이다. 예를 들어 사체신이식cadaver kidney transplantation의 경우, 기부자가 사망한 후 신장을 떼어내 수혜자에게 이식해도 충분히 제 기능을 한다. 즉, 신장은 사후에도 얼마간은 살아 있다는 뜻이다. 췌장이나 안구(각막)도 마찬가지다.

　　심장과 폐 또한 동시에 기능이 멈추는 것은 아니다. 심장의 움직임은 심장소리나 심전도, 폐기능은 호흡으로 확인이 가능하지만, 심음이 없어진 후에도 심장의 기능이 모두 멈추는 것은 아니며, 호흡이 정지해도 폐의 세포가 완전히 죽는 것은 아니다. 모든 세포가 서서히 기능을 멈추고 차례대로 사멸되기 때문에, 마지막까지 남은 세포가 언제 죽었는지를 판단하는 것은 불가능하다.

포인트 오브 노 리턴

　　돌연사나 즉사와 같은 급작스러운 사망을 제외하고, 보통의 죽음은 혼수상태에서 시작된다. 의식이 완전히 사라지고, 깨워도 반응이 없거나 통증에도 반응하지 않는 상태다. 그르렁거리며 신음소리를 내거나, 얼굴이 일그러져 있는 동안은 혼수상태라고 하지 않는다. 혼수상태에서는 '뇌의 모르핀'이라 불리는 엔돌핀이나 엔케팔린 같은 호르몬이 분비되기 때문에, (확인할 방법은 없지만) 환자 본인은 평안한 상태라고 알려져 있다. 생의 마지막 단계에 접어들면 정말로 기분 좋은 상태가 되는지도 모른다. 그 정도까지는 아니고, 생에서 죽음으로 넘어가는 시기의 불안을 완화하기 위해 몸이 제공하는 주술 같은 것일 수도 있겠다.

　　혼수상태에 접어들면 모든 표정이 일제히 사라진다. 의식이 없기 때문에 당연한 현상이다. 그리고 혼수상태에서는 하악호흡(점차 산소 흡입량이 줄어들어 턱과 목의 근육을 움직여 어떻게든 산소를 받아들이려 하면서 나타나는 움직임)이 시작된다. 하악호흡을 하게 되면, 턱을 내민 채로 호흡을 하는 것처럼 보이는데, 이때가 바로 죽음의 임계점, 즉 '포인트 오브 노 리턴'이다. 하악호흡은 호흡중추 기능이 떨어져서 발생하는 것이기 때문에 산소를 주입해도 소용없으며 회복 가능성 또한 사라진다.

하악호흡을 할 때는 거의 공기를 들이쉬지 않는 것처럼 보이기 때문에 처음 보는 사람에게는 헐떡이는 것처럼 보일 수도 있다. 그러나 앞서 말했듯이 의식이 없기 때문에 (직접 확인은 할 수 없지만) 본인은 고통을 느끼지 못한다. 이 상태가 되면, 심폐소생술을 해도 원상태로 돌아오는 경우는 거의 없고, 설령 돌아온다 하더라도 곧 다시 하악호흡을 하게 된다. 생명체로서 수명을 다한 것이므로 애써 저항하지 않고 차분하게 지켜보는 것이 주변 사람들이 취해야 할 태도다.

사람마다 하악호흡의 지속 시간은 다르지만, 대부분은 몇 분에서 한 시간 내외로 끝난다. 내가 재택 주치의로서 임종케어를 할 때, 하루 종일 하악호흡이 계속된 환자를 본 적도 있긴 하지만 매우 드문 경우다. 다음

단계는 '체인-스토크스 호흡'이다. 점점 호흡수가 줄어들면서 무호흡과 하악호흡이 번갈아 나타난다. 이 상태가 되면 머지않아 마지막 숨을 내쉬고 임종을 맞는다.

임종케어의 예절

지금은 금지된 관행이지만, 내가 의과대학을 졸업할 당시에는 수련의가 아르바이트로 다른 2차병원에서 당직을 서는 경우가 많았다. 당직을 서는 병원에서 밤에 환자가 사망하면 수련의가 임종케어를 하게 된다. 그런데 어설프게 임종케어를 하면 유가족에게 상처를 주거나 혼란을 야기할 수 있으므로, 수련의는 선배들에게 임종케어의 예절을 배운다.

한밤중에 콜을 받아도 절대 졸린 얼굴을 하지 말 것, 흰 가운의 단추는 빠짐없이 제대로 채울 것, 흐트러진 옷차림을 삼갈 것 등의 기본적인 것들이다. 전수받은 주의사항을 정리해보면 '당황하거나 시끄럽게 소란 피우지 말되, 너무 침착하지도 말라'였다.

'당황하지 말라'는 초보 의사라는 것을 들키지 않기 위함이고, '소란 피우지 말라'는 시끄럽게 허둥대는 모습을 보이면 의료사고로 의심받을 수 있기 때문이다. 그러나 반대로 너무 침착하면 환자를 제대로 돌보지 않았다고 생각될 수도 있기 때문에 적당한 긴장감을 위해서 '침착하지 말라'는 것이다.

또 다른 중요한 팁은 너무 일찍 임종을 알리지 말라는 것이다. 당직 근무를 서는 중 간호사에게서 위독하다는 연락을 받고 병실로 가보면, 대부분의 환자들은 하악호흡을 하고 있다. 점차 호흡의 간격이 느려지고 호흡수가 줄어들다가 마지막 숨을 내쉰다. 손목시계로 사망 시각을 확인하고 "안타깝지만 몇 시 몇 분. 사망하셨습니다. 최선을 다했지만 여기까지인 것 같습니다" 하고 엄숙한 얼굴로 고개 숙여 인사한다. 그러면 가족들이 펑펑 울음을 터뜨린다.

하지만 이 판단이 너무 빠르면, 환자가 마지막 숨을 한 번 더 내쉬는 예상 밖의 상황이 발생할 수도 있다. 그러면 가족들은 아직 살아 있다는 생각에 혼란에 빠진다. 심전도도 마찬가지다. 점차 파형이 흐트러지고, 스파이크 간 간격이 길어지다가 결국 편평해진다. 그러나 이때 너무 성급히 사망선고를 하면, 마지막 스파이크가 다시 빼꼼히 나타나는 경우가 발생한다. 이런 촌극이 벌어진 후에 시계를 확인하고 "몇 시 몇 분. 사망하셨습니다…" 다시 사망선고를 하는 것만큼 모양 빠지는 일도 없다. 그러므로 마지막 호흡이 끝났다고 생각되더라도 잠시 기다렸다가 정말로 하악호흡이 완전히 멈춘 것을 확인한 후에 천천히 시계를 확인하고 사망선고를 해야 한다. 또 심전도에 추가 스파이크가 튀어올라도 알 수 없도록 바로 스위치를 꺼야 한다. 이런 과정들 때문에 사망선고가 이루어지는 시각은 실제 사망 시각보다 조금 늦어질 수밖에 없다.

죽음을 맞이할 때의 '의식'

아르바이트로 당직을 서는 병원에 도착하면, 먼저 주간에 근무했던 의사로부터 전달 내용을 인계받는다. 오늘 밤 ○○호실의 누구누구가 위험하다든지, 임종이 얼마 남지 않은 환자에 대한 내용을 전달받는다. 이때 담당의사는 "이 환자, '의식'은 필요 없어요", 혹은 "미안하지만 '의식' 부탁합니다" 등의 이야기를 한다. 물론 특별한 종교의식을 의미하는 것은 아니다. 담당의사가 언급한 '의식'은 심폐소생술을 가리키는 의사들끼리의 은어다.

구체적으로는, 심장이 멈춘 후 강심제(심장의 수축력을 증가시켜 심장박동을 강화시키는 약물)를 정맥에 주사하거나, 카테터(환자의 소화관이나 방관, 기관지, 혈관 등의 내용물을 빼내기 위해, 혹은 약제를 신체 내부로 주입하기 위해 쓰이는 고무나 금속제의 가는 관)로 심장에 직접 주입하기도 한다. 경우에 따라서는 심장 마사지를 흉내 내기도 한다. 본격적으로 심장 마사지를 할 때는 침대 스프링에 힘이 흡수되지 않도록 등 쪽에 단단한 판을 넣고 흉골이 움푹 패일 정도로 강하게 압박해야 한다. 노약자와 마른 사람은 이 과정에서 갈비뼈가 골절될 수도 있다. 그러나 죽음을 목전에 둔 사람에게 그 정도까지는 할 필요가 없으니 가볍게 하는 척만 한다. 그러다가 심장박동이 멈추면, 다시 마사지하는 시늉을 하다가 청진기로 심장 박동이 없음을 확인한다. 가족들의 모습을 힐끗 곁눈질하면서, 그래도 부족해 보이면 다시 마사지하는 시늉을 되풀이한다. 진지한 얼굴로, 죽지 말고 살라고 호소하는 눈빛으로, 이마에 땀을 흘리며 심장 마사지를 하다 보면 가족들도 포기하고 환자의 죽음을 받아들이는 분위기가 된다. 그렇게 '의식'을 마치고 사망 시각을 확인한 후 '유감이지만……'으로 시작되는 틀에 박힌 대사를 읊는다. 이러한 과정을 왜 '의식'이라고 부르는 것일까? 살릴 수 있는 가능성이 애초에 '제로'라는 것을 알면서 행하는 것이기 때문이다. 즉 이 모든 행동이 헛된 퍼포먼스에 불과하다는 뜻이다.

그럼에도 '의식'을 하는 이유는 가족들에게 정성

을 다해 치료했다고 납득시키기 위해서다. 단순히 임종케어만 하다가 사망하게 되면, 나중에 '그 병원은 아무것도 해주지 않았다'는 말을 들을 위험이 있다. 그러면 곤란하기 때문에, 쓸데없으며 당사자에게는 잔인하기까지 한 처치를 할 수밖에 없는 것이다. 반면 '의식은 필요 없다'고 전달받는 케이스는 가족들이 이미 환자의 죽음을 받아들이고 있는 경우다. 이때는 엄숙하게 사망을 선고하면 된다. 임종케어를 담당하는 사람도 편하고, 임종하는 당사자도 쓸데없는 처치를 받지 않아도 된다.

요즘은 사전동의 제도(informed consent, 환자에게 치료나 시술 등의 행위를 하기 전 동의를 얻는 제도)가 있어서, 병원도 환자나 보호자에게 사실을 전하기 때문에 '의식'이 줄어들고 있는 것 같다. 이런 무익하고 잔인한 '의식'을 줄이기 위해서라도 가족들이 확실하게 환자의 죽음을 받아들이는 마음가짐이 중요하다. 거부한다고 해서 거스를 수 있는 것도 아니니까 말이다.

죽음의 세 가지 종류

지금까지 설명한 것은 생명체의 죽음, 즉 생물학적 죽음에 관한 것이다. 하지만 죽음에는 또 다른 두 가지가 더 있다. 바로 절차상의 죽음과 법률상의 죽음이다. 절차상의 죽음이란 사망한 시각이 적힌 '사망진단서, 즉 의사가 사망 확인을 한 죽음'을 말한다.

지금까지의 설명으로 의사가 사망선고를 한 시각과 생명체로서 인간의 실제 죽음은 미묘하게 어긋난다는 것을 이해했을 것이다. 하지만 경우에 따라서는 그 차이가 크게 어긋날 수도 있다. 재택의료를 하다 보면 가끔 "아침에 일어나보니, 할아버지(또는 할머니)가 숨을 쉬지 않으셔요"라는 전화를 받는다. 한밤중에 자다가 돌아가셔서, 아침에야 숨이 멈춘 것을 발견한 경우다. 24시간 이내에 진찰을 하지 않았다면 경찰에 연락해야 하고, 그러면 검시(檢屍, 사망의 의학적 원인에 대한 판단과 사망의 상황적 경위에 대한 규명을 위하여 법의학적 지식과 경험을 통하여 시체를 검사하는 것)를 받아야 하는데, 경우에 따라서는 행정부검을 하기도 한다. 당연히 유족에게는 큰 부담이고, 경찰에게도 번거로운 일이다. 이런 쓸데없는 일이 일어나지 않도록 사망 소식을 들으면 바로 환자의 집으로 달려간다. 그리고 사망한 것이 분명한 환자의 눈에 펜라이트를 비추고, 움찔거리는 미동조차 없는 가슴에 청진기를 대고 죽음의 세 가지 징후를 확인한다. 그리고는 시계를 확인한 후, 천천히 "몇 시 몇 분, 사망을 확인했습니다"라고 선고한다.

환자가 사망했다는 것은 더할 나위 없이 명백하지만, 이렇게 하면 '진찰 후 사망'을 확인할 수 있고 경찰에 연락하지 않아도 된다. 절차상 '인간은 의사가 사망을 확인하기 전까지는 살아 있는 것'으로 간주된다. 가끔 사고나 재해 등으로 심정지 상태가 된 사람이 병원으로 이송되어, 몇 시간 후에 사망이 확인되었다는 보도를 접하는 경우가 있는데, 그 시간차는 대개 병원에서 열심히 심폐소생술을 한 시간이다. 여러 가지를 시도해 보았지만 결국 살리지 못했을 때 사망 확인이 이루어지고, 그제서야 절차상 사망한 것으로 간주된다. 하지만 생명체로서의 실제 죽음은 심폐가 정지되었을 때다.

　　세 번째 죽음은 '뇌사'라고도 불리는, 법률상의 죽음이다. 일본에서도 2010년 장기이식법이 개정되어 법적으로 뇌사가 인간의 죽음으로 인정받게 되었다(우리나라의 경우 2000년 2월부터 '장기 등 이식에 관한 법률'이 시행되면서 뇌사가 사망으로 인정되었으며 유족의 동의 하에 장기기증이 가능하도록 되어 있다_번역자). 뇌사는 뇌간을 포함하여 뇌 전체의 기능이 비가역적으로 상실된 전뇌사whole-brain death를 말한다. 뇌간은 호흡과 심장박동 등 생명유지에 필수적인 기능을 조절하는 부위로, 뇌간의 기능이 상실되면 어떤 소생술을 해도 살아날 수 없다. TV프로그램이나 잡지 등에서 간혹 뇌사 상태에서 살아났다고 소개되는 경우가 있는데, 이는 애초부터 뇌사 판정이 잘못된 경우가 대부분이다.

　　뇌사와 흔히 혼동하는 것이 '식물상태'다. 이전에는 '식물인간'으로 불렸으나, 인권상의 배려가 부족하다는 이유로 변경되었다. 식물상태에서는 대뇌가 죽어서 의식이 사라졌지만, 뇌간이 살아 있어서 자발적 호흡이 가능하다. 따라서 물과 영양만 공급되면 살 수 있다는 점에서 식물과 같은 상태로 간주된다.

뇌사에 대한 이중잣대

뇌사 상태에서도 인공호흡기를 달면, 한동안 심장은 계속 움직인다. 따라서 심장을 포함한 장기들을 이식할 수 있다. 애당초 뇌사라는 억지스러운 개념이 생겨난 것은 장기이식이 가능해졌기 때문이다. 심장이식을 할 때는 살아 있는 심장을 이식해야 한다. 사망한 사람에게서 떼어낸 심장은 이식해도 뛰지 않기 때문이다. 하지만 심장을 떼어내면, 기증자가 죽어버리므로 '살인'이 된다. 그래서 심장이식을 하기 위해서는 '심장은 살아 있되 기증자는 죽어 있는, 즉 자연적으로는 있을 수 없는 상황'이 필요했던 것이다. 그렇게 고안된 것이 뇌사다. 뇌사를 사람의 죽음으로 정의함으로써 뇌사자는 이미 죽었기 때문에, 그의 심장을 꺼내도 살인이 아니라는 법률적 해석을 만든 것이다.

뇌사 상태의 환자는 비록 인공호흡기를 달고 있지만, 가슴은 움직이고 있으며 몸도 따뜻하다. 당연히 심장도 뛰고 있다. 게다가 심장을 적출할 때는 전신마취를 한다. 시체에 마취를 한다니, 정말로 죽은 게 맞는지 의문이 드는 게 당연하다. 여기서 뇌사에 대한 이중 잣대가 발생한다.

만약 당신이 다섯 살짜리 자녀와 함께 수영장에 갔는데, 잠시 한눈을 판 사이에 아이가 물에 빠졌다고 가정해보자. 심정지 상태였지만 심폐소생술을 실시해서 다시 심장이 뛰기 시작했다. 가슴압박과 인공호흡을 반복하면서 병원에 도착하여 인공호흡기를 달고 중환자실에 입원했다. 하지만 의식은 돌아오지 않았고, 6시간의 간격을 두고 내려진 두 차례 판정에서 뇌사 진단을 받았다고 가정해보자. 이 경우, 당신은 아이의 심장을 누군가의 장기이식을 위해 기증할 수 있는가?

오늘 아침까지만 해도 건강하게 놀던 아이인데, 저녁에 장기기증을 고민하는 상황에 직면한 것이다. 의학이 이렇게 발전하고 있는데 어떻게든 치료할 방법이 없을까? 적어도 심장이 멈출 때까지 포기하지 말고 치료를 계속할 수는 없을까? 이렇게 생각하며 뇌사를 부정하고 싶은 것이 사람 마음이다.

자, 이제 반대 입장을 생각해보자. 다섯 살짜리 아이가 요즘 들어 기운이 없다. 병원에서 정밀 검사를 받아보니, '확장형 심근증'이라는 진단을 받았다. 심장 이식 외에는 살릴 수 있는 방법이 없다. 이식을 받으면 천수를 누릴 수 있지만, 이식을 받지 못하면 남은 수명이 고작 6개월이다. 이런 말을 들었을 때, 당신이 부모라면 이식을 요구하지 않을 수 있을까? 그런데 어딘가에서 아이가 물에 빠져 뇌사 판정을 받았다는 이야기를 들으면, 심장 기증을 바라지 않겠는가?

내 아이가 뇌사 상태에 빠진 것은 인정하지 않는다. 그러나 반대 입장이 되면 이식을 원한다. 이중잣대다. 뇌사 상태가 되어도 심장이 멈출 때까지 치료를 요구한다면, 내 아이에게 이식이 필요한 경우에도 누군가에게 이식을 요구해서는 안 된다. 반대로 이식을 요구하는 입장이라면, 내 아이가 뇌사 상태에 빠졌을 때도 마찬가지로 심장을 기증해야만 한다. 그것이 성숙한 판단이다. 냉정한 말일 수도 있으나, 나의 상황과 이익에 따라 입장이 달라지는 이중잣대는 염치없는 사고방식이다.

이런 모순적 상황에서 냉정한 판단을 내리는 데 도움이 되는 것은 정확한 지식이다. 의료인의 상당수가 이식이 필요하다면 이식을 요청한다. 대신 뇌사진단을 받는다면 이를 부정하지 않고 받아들이는 결정을 내린다. 이것은 뇌사가 사람의 죽음이라는 것을 이론적으로, 경험적으로, 현실적으로 충분히 이해하고 있기 때문이다.

있는 그대로의 죽음을 보려면 이런 희귀한 사례도 알아두는 게 도움이 된다. 위기관리 측면에서도 최악의 케이스나 결단이 어려운 상황도 생각해둘 필요가 있다. 그래야 정작 그 만일의 사태가 발생했을 때 마음의 준비를 할 수 있기 때문이다.

2

다양한
죽음의 패턴

난생처음 임종케어

　　나는 의과대학을 졸업한 후 외과 수련의가 되어
의사의 첫발을 내딛었다. 환자의 임종을 처음 경험한 것
은 수련 후반부 무렵이었다. 아르바이트로 당직을 서던
병원에서였다. 당시 내가 근무하던 대학병원에서는 환
자가 사망하는 일이 거의 없었다. 왜냐하면 대학병원은
치료 가능성이 있는 환자에게만 병상을 내주고, 임종이
임박한 환자는 적극적으로 입원시키지 않았기 때문이
다. 그래서 당시 수련의는 대부분 아르바이트 하는 병
원에서 환자의 임종을 경험했다.

　　임종케어는 대부분의 수련의에게 생애 첫 경험이
었기 때문에, 당직을 선 병원에서 환자의 임종을 지킨
수련의는 다음 날 병동에 돌아와서 그때의 상황을 흥

분된 목소리로 이야기하곤 했다. 임종을 경험하면 왠지 모르게 진짜 의사가 되었다는 느낌이 들어서, 이를 경험해보지 않은 수련의보다 정신적으로 우위에 선 느낌이었다. 그리고 환자의 임종을 많이 경험하면 할수록 흥분도 가라앉고, 사람의 죽음에 대해 여유로운 태도를 갖게 된다.

당시 나는 일주일에 두 번 당직 아르바이트를 하고 있었는데, 불행인지 다행인지 좀처럼 환자의 임종을 지킬 기회가 없었다. 그래서 왠지 모르게 주눅이 든 채 임종케어 경험자들의 이야기를 부러운 듯이 바라보며 들었다. 그러다가 잠시 부탁을 받고 간 병원에서 처음 임종케어를 하게 되었다. 특별한 노티도 없어서 편하게 당직실에 머물고 있었는데, 저녁 무렵 전화가 걸려왔다. "위급 상황입니다!" 간호사의 위급한 목소리에 긴장됐지만, 선배의 가르침과 동료들의 경험담을 바탕으로 나름대로 시뮬레이션을 하며 병실로 향했다. 깔끔하게 흰 가운의 단추를 잠그고, 임종케어의 '의식'을 떠올리며 모여 있을 가족들에게 어설픈 대응을 하지 않겠다고 굳게 마음 먹었다. 그런데 개인 병실이 아닌 다인실이었다.

어느 병원이든 환자가 사망하기 직전에는 다인실에 있던 환자도 개인 병실로 옮긴다. 옆에 환자가 있는 상태에서 임종을 맞는 것은 바람직하지 않기 때문이다. 의아해하면서도 진지한 표정으로 병실에 들어서니, 베테랑 간호사가 침대 옆에 대기하고 있었다. 환자는 이미 하악호흡을 하고 있었다. "가족은요?" 내가 묻자 간호사가 조용히 고개를 저었다. 기록을 보니 기초생활수급자였다.

60대 중반의 여성 말기 암환자였다. 뺨이 붉고 통통한 얼굴에 검은 곱슬머리가 베개 좌우로 넓게 퍼져 있었다. "의식은요?" 하고 물으니, 간호사가 "가족도, 아무도 없으니까요. 굳이…"라고 작은 목소리로 답했다. '의식'은 필요없었다. 그래도 가만히 지켜보고만 있을 수 없어서 나는 환자의 가슴에 청진기를 갖다 댔다. 잡음이 섞인 약한 호흡음이 간헐적으로 들렸으나 심장박동은 이미 멈춘 뒤였다.

얼마 지나지 않아 마지막 숨이 찾아왔다. 살짝

들이마신 공기를 포기하듯 가늘게 내뱉고 모든 움직임이 멈췄다. "확인해주세요." 간호사의 말에 동공확대, 호흡정지, 심정지를 확인하고 사망 시각과 함께 사망을 선고했다. "나머지는 제가 알아서 해놓을게요." 간호사의 말을 듣고 당직실로 돌아왔다.

내가 경험한 첫 임종은 다른 수련의에게 들었던 것과는 전혀 다른 느낌이었다. 가족이 없어서 '의식'도 없이 사망선고를 했고, 그것을 듣는 사람도 간호사 외에는 아무도 없었다. 가족이나 친지도 없이 홀로, 생면부지의 젊은 의사에게 사망선언을 듣게 된 환자의 삶은 어땠을까. 생의 마지막이 너무 쓸쓸하고 외롭지는 않았을까. 여러 가지 생각이 떠올라 그날 밤 편히 잠들지 못했다.

비참한 연명치료

나는 외과와 마취과에서 수련을 받고 마취과 의사로 오사카에서 일하다가, 다시 외과의사로 고베의 한 병원에 부임했다. 외과의사로 근무하며 놀랐던 것은 선배 의사들이 임종이 임박한 환자들을 그다지 열성적으로 치료하지 않는다는 것이었다. 수술 후 중태에 빠져 인공호흡기를 달고 있던 환자의 간 기능이 떨어지기 시작하자, 환자의 주치의였던 선배 의사는 적극적인 치료를 멈추었다. 간 기능이 떨어져도 혈장교환이라는 치료법이 있다. 아직 살릴 수 있는 방법이 있는데, 왜 선배는 최선을 다하지 않을까. 당시 외과의사로서 경험이 일천했던 나는 방법이 있는데도 적극적으로 치료하지 않고 환자를 죽게 내버려두는 선배에 분노했다.

얼마 후 내가 주치의를 맡은 환자 하나가 수술 후 중태에 빠졌다. 기억을 떠올리는 것조차 괴로운 경험이다. 70대 초반의 여성으로 총담관결석증이라는 병을 앓고 있었다. 악성 질환이 아닌데다 죽게 내버려둘 수 없었다. 아직 미숙한 외과의사였던 나는 외과 과장님의 지도하에 결석을 제거하고 총담관 출구를 만드는 수술(유두형성술)을 진행했다. 거의 40년 전이니까 지금과 수술 방법이 다를 수는 있지만, 수술 중 실수나 잘못은 없었다. 그런데 수술 후 환자는 원인불명의 경련이 발생했고, 이후 합병증으로 폐렴을 앓았다.

원래 비만과 당뇨병, 만성 기관지염 등의 기저질환이 있었기 때문에 수술 전 가래를 뱉는 연습을 하고 호흡기능을 확인하며 준비했고, 수술 후에도 인공호흡기를 착용한 채로 관리를 이어갔다. 수술 다음 날 폐렴이 발생해 호흡기능이 급격히 떨어졌지만, 인공호흡기를 계속 사용하면서 극복했다. 그 후 여러 종류의 항생제 병용, 스테로이드 투여, 강심제 투약, 중심정맥 영양, 인슐린으로 혈당 조절, 거담제 투여, 흡인 등 할 수 있는 모든 치료를 시도했다. 그러나 상황은 개선되지 않았고 점차 신장 기능이 저하되었다.

치료방침을 결정하는 컨퍼런스에서 이러한 상황을 보고하자, 부장을 비롯한 선배 의사들은 모두 눈살을 찌푸리며 난감한 표정을 지었다. 치료 중단을 권유하는 분위기였지만, 나는 부원장님께 신장 기능 저하를 보완하기 위해 인공투석을 진행하고 싶다고 말했다. 썩 내키는 표정이 아니었지만, 부원장님은 "네가 그렇게 원한다면 해봐" 하고 허락해주었다.

중환자실이 없는 병원이어서 투석할 때는 휴대용 투석기를 병실로 가져가서 장시간에 걸쳐 혈액을 정화해야 했다. 처음에는 일시적으로 혈액 내 노폐물 수치가 낮아지는 등 효과가 나타나는 듯했다. 하지만 폐렴은 개선되지 않았고 상태도 점차 악화되어 결국 파종성 혈관 내 응고증후군DIC, disseminated intravascular coagulation이라는 전신 출혈성 질환이 발생했다. 결국 몸속 여러 장기가 제 기능을 하지 못하고 멈추거나 심하게 둔해지는 상태, 이른바 다발성 장기부전 상태가 되고 말았다.

그럼에도 나는 치료를 포기하지 않았다. DIC 치료는 물론이고 인공호흡기와 강심제, 인공투석에 더하여 수혈을 시작했다. 환자는 계속 의식이 없었다. 얼굴도 부어 수술 전의 모습을 잃었고, 눈꺼풀은 골프공처럼 부풀어올랐다. 부종으로 손발 역시 통나무처럼 퉁퉁 부어 있었다. 고열로 머리카락과 눈썹이 빠지고, 황달 때문에 피부도 황색에서 갈색, 갈색에서 검게 변해갔다. 이후 전신 출혈성 질환으로 악화하면서 코피와

구토, 안구출혈, 하혈이 계속되었는데, 특히 위와 장으로부터의 출혈이 심각했다. 수혈한 만큼 출혈이 이어지는 상황이었다. 기저귀에서는 콜타르(석탄을 가열할 때 증류되어 생기는 기름 상태의 검은 액체) 같이 검고 끈끈한 혈변이 흘러나와서 병실은 참기 힘든 악취로 가득 찼다. 몸은 부어올라 산 채로 썩어가는 듯한 상태였지만 강심제와 인공호흡기의 도움으로 심장은 멈추지 않았다. 가족들에게는 불안과 절망의 시간이었다.

수술 후 2주 남짓 나는 24시간 계속 병원에 머물며 치료를 이어갔지만, 환자를 살릴 수는 없었다. 처음에는 환자를 포기할 수 없다는 필사적인 의지로 시작한 수술과 수술 후 치료였다. 하지만 그 과정에서 최선을 다하지 않는 것처럼 보였던 선배 의사들의 행동을 점차 이해하게 되었다. 지나친 의료는 환자에게 엄청난 고통을 선사한다는 것을 몸소 체험한 것이다.

연명치료는
필요없다는 사람들에게

결국, 의료는 인간의 행위이지 신의 조화가 아니다. 질병은 자연 현상이다. 물론 의료로 치료할 수 있는 질병의 종류는 늘어났지만, 모든 질병을 치료할 수 있는 것은 아니다. 고칠 수 있는 병은 고치면 되지만, 고칠 수 없는 병을 억지로 고치려고 하면 비참한 상황이 벌어질 수 있다.

이런 의도치 않은, 비참한 상황의 원인은 전적으로 의료의 발전 때문이다. 첨단의 의료기술이 없던 시절에는 죽음을 받아들일 수밖에 없었고 사람들은 비교적 '깔끔하게' 사망했다. 의료기술이 발달한 덕분에 살릴 수 있는 경우가 많아진 대신, 살릴 수 없음에도 비참한 연명치료를 이어가는 경우가 생겼다. 고베에서 초보 외과의사로 활동하던 시절, 내가 비참한 연명치료를 했던 이유는 실상을 잘 몰랐기 때문이다. 당시 부원장이 인공투석을 허락한 것도 하룻강아지에 불과했던 나

에게 의료의 현실을 깨우치게 하기 위함이었다고 생각
한다.

죽음을 억지로 억누르려는 의료가 얼마나 비참
한 결과를 초래하는지 알려지면서 무리한 연명치료에
대한 부정적인 인식도 확산되기 시작했다. 가끔 '나는
연명치료를 거부한다'고 말하는 사람이 있는데, 그렇게
해서 비참한 상황을 피할 수 있다고 생각한다면 큰 오
산이다. 대부분의 의사들은 처음부터 불필요한 연명치
료를 하지 않는다. 치료를 하는 것은 조금이라도 살릴
수 있는 가망이 있기 때문이다. 가능성을 보고 할 수 있
는 처치를 모두 다 했는데도 살리지 못하면 그게 '비참
한 연명치료'가 되는 것이다.

가령 당신이 나이 들어 뇌경색이나 심근경색 발
작을 일으키거나 흡인성 폐렴(먹은 음식물이 기도에 들어가
서 생기는 폐렴)을 앓게 되었을 때, 그대로 집에 있으면 병
세가 악화되어 사망할 가능성이 크다. 하지만 병원에서
치료를 받아 살 가능성이 조금이라도 있다면, 누가 병
원에 가지 않겠는가.

병원에서 치료 받아서 모두 살 수 있으면 좋겠지만, 불행히도 그렇지 못한 경우에는 비참한 연명치료가 되고 만다. 당연한 이야기지만, 집에 있으면 비참한 연명치료를 받을까 걱정을 하지 않아도 된다. 정말 비참한 연명치료를 받고 싶지 않다면, 살 수 있는 가능성이 있어도 병원에 가지 않을 각오가 필요하다.

반대로 살 가능성이 있다면 병원에서 치료 받고 싶다고 말하는 사람도 있을 수 있다. 그는 비참한 연명치료를 받게 될 수도 있다는 리스크를 감수해야만 한다. 살 수 있는 가망이 있다면 치료를 받고 싶지만, 비참한 연명치료는 절대 거부한다는 것은 양립할 수 없다. 냉정하게 들릴 수도 있다. 하지만 그렇게까지 생각해놓지 않으면 연명치료를 받고 싶지 않다고 했음에도, 결과적으로 비참한 모습으로 연명치료를 받게 될 가능성이 없지 않다.

바람직한 상황을 만들기 위해서는, 존엄사가 유일한 해결책일지도 모르겠다. 비참한 상황이 될 것 같으면 치료를 중단하고 죽는 것, 그것이 '존엄사'다. 현재 일본에서는 기관 내 튜브(기도 유지가 필요하거나 인공호흡기 치료가 필요한 환자에서 기도를 확보하기 위해 기관 내로 넣는 튜브)를 빼는 등의 존엄사가 합법화되어 있지 않다. 물밑에서 이루어지고 있다고는 하지만, 위법이기 때문에 공개적으로 드러낼 수 없다. 그렇지만 환자 본인과 가족을 위해 하는 행위이기 때문에 나는 허용되어야 한다고 생각한다.

　　하지만 실제로 존엄사를 시행하면 가족도, 의료진도 매우 심한 스트레스를 받는다. 언제 인공호흡기를 떼어낼지, 언제 강심제나 중심정맥 영양(소화기관에서 음식을 제대로 흡수할 수 없는 경우, 중심정맥을 통해 영양을 공급하는 방법)을 중단할지 결정하는 것은 그리 간단한 일이 아니기 때문이다. 한 사람의 목숨이 달려 있는 것이기 때문에 어쩌면 망설이는 것이 당연하다. 평상시 가족이나 자신의 임종에 대해 생각해본 적이 없는 사람은 막상 그 순간이 되면 두렵고 당황해서 우왕좌왕하는 경우가 많다. 그때는 전문가에게 맡겨야 한다고 생각하지만, 지금은 사전동의 제도(informed consent, 환자에게 치료나 시술 등의 행위를 하기 전 동의를 얻는 것)가 있으므로, 환자 측의 의사를 존중한다는 것이 의료진의 입장이다. 설명은 해주지만 결정은 하지 않는다. 결정은 오롯이 당사자의 몫이다.

존엄사나 치료 중단은 분명 본인에게 도움이 되는 것이기 때문에, 너무 일찍 죽거나 늦게 죽지 않기 위해서라도 평소 죽음에 직면했을 때를 생각해둘 필요가 있다.

연명치료의 도움

나는 연명치료에 대해서 계속 부정적인 의견을 고수해왔지만, 이런 생각이 흔들린 경험도 있었다. 그 부분도 함께 언급하려 한다. 아내의 숙부님이 연명치료 덕분에 아슬아슬하게 살아난 적이 있다. 숙부님이 75세에 위암 진단을 받자 숙모님은 내게 치료 방법을 물었다. 암을 완치하기 위해서는 수술이 반드시 필요한데,

숙부님의 경우에는 위를 전부 절제해야 했기 때문에 위험 부담이 큰 수술이었다. 게다가 오랜 애연가였던 숙부님은 만성 기관지염을 기저질환으로 앓고 있었다. 전신마취 수술을 하면 수술 후 폐렴으로 목숨을 잃을 위험도 있었다. 또 수술에 성공하더라도 소화와 흡수가 잘 되지 않아 체력이 떨어질 위험도 있었다. 게다가 암이 재발할 가능성도 있었다. 반면 암 제거 수술을 하지 않으면, 당장 죽지는 않을 테고 잘 치료하면 2~3년, 혹은 그 이상 살 수 있다는 소견이었다.

어느 쪽을 선택할지 고민했지만, 나는 수술 대신 순한 항암제를 써서 차분하게 경과를 지켜보는 편이 나을 것 같다고 답했다. 숙모님도 그러는 게 좋겠다고 했다. 불확실한 치료에 매달리기보다 어느 정도 자연적인 치유에 맡기겠다는 선택이었다. 숙부님 역시 이를 받아들여 입원하지 않고 집에서 요양하기로 했다.

그 즈음 숙모님은 남편의 죽음을 각오하고 연명 치료를 하지 않기로 결심했다. 그런데 2년 반쯤 지난 어느 날, 숙부님이 새벽에 갑자기 피를 토하는 바람에 당황해서 구급차를 불렀다. 숙부님은 종합병원 중환자실로 옮겨져 치료를 받기 시작했다. 연락을 받고 아내와 내가 병원으로 달려갔을 때, 숙부님은 이미 심전도계와 산소 모니터를 장착하고 인공호흡기에 연결되어 연명치료의 풀셋트가 장착된 상태였다. "그렇게 연명치료는 받지 않겠다고 했는데, 구급차를 불러버리다니…" 하고 숙모님은 후회했다. 나는 갑자기 일어난 일이라 어쩔 수 없었다고 위로했다.

잠시 후 중환자실 실장이 숙모님과 나를 다른 방으로 불러 숙부님의 상태를 설명해주었다. 구토의 원인은 위암으로 인한 출혈이었으며, 위내시경으로 지혈을 시도했지만 출혈량이 너무 많아 지혈을 할 수 없었다고 했다. 지금은 지혈제를 정맥주사로 투여하고 있지만 지혈이 될 가능성은 거의 없으며, 출혈에 의한 손실을 보충하기 위해 수혈을 하고 있지만 이대로는 끝이 없을 것 같아서 앞으로 세 팩을 투여한 후 끝내겠으니 양해를 부탁한다는 설명이었다. 가혹한 말이었지만, 숙모님은 침착하게 받아들였다. 이미 오래전부터 만일의 경우에 대비해 각오하고 있었던 일이다.

　　침대 옆으로 다가가자 숙부님은 진정제가 다 떨어졌는지 의식이 몽롱한 상태에서 일어나려고 했다. 숙모님이 붙잡으며 "여보, 부탁이에요. 조용히 자요"라고 애통한 목소리로 말했다. 나는 곤란한 상황이 벌어질까 봐 걱정스러웠다. 이대로 치료를 이어가면 숙부님은 죽으려 해도 죽지 못하는 비참한 상황에 처할 것이기 때문이다. 바랄 수 있는 것이 고작 암으로 인한 출혈이 심해져 하루 빨리 생을 마감하는 것뿐이라고 생각하자, 절망하지 않을 수 없었다.

　　그런데 다음 날, 숙부님은 의식이 돌아오고 스스로 기관 튜브를 빼고 심하게 기침을 하면서도 혼자 힘으로 숨을 쉬기 시작했다. 정맥주사로 투여한 지혈제가 기적적으로 효과를 발휘한 모양이었다. 그렇게 숙부님은 서서히 기운을 되찾았고, 일반 병동으로 옮긴 뒤에는 미음에서 멀건 죽, 그다음에는 죽으로 점차 식사 능력도 개선되어 결국 무사히 퇴원할 수 있었다.

　　중환자실 실장이 세 팩까지만 수혈하고 치료를

끝내겠다고 한 것은 가망이 없다고 판단했기 때문이다. 그럼에도 불구하고, 불가능하다고 생각했던 치료가 목숨을 살린 것이다. 스스로 기관 튜브를 뽑을 정도로 힘이 좋고 건장했던 숙부님이었기 때문에 가능한 일이었지만, 연명치료의 순기능을 보았다는 사실에 기쁘면서도 한편으로는 당황스러웠던 것도 사실이다.

구토를 할 때 숙모님이 구급차를 부르지 않았다면, 출혈이 멈추지 않아 그대로 목숨을 잃었을 가능성이 크다. 예상치 못한 상황에 당황해서 구급차를 부른 것이 숙부님의 목숨을 구한 것이다. 참고로 숙부님은 반년 정도 더 살면서 둘째 손주가 태어나는 것도 보았다. 그리고 집에서 78년 생을 평온하게 마감했다.

마치 에도시대의 임종처럼

나는 40대 중반부터 재택의료 클리닉에서 근무하며 환자를 집이나 시설에서 진찰하는 방문진료에 종사해왔다. 재택의료는 왕진과 비슷하지만, 이 두 가지의 차이점은 정기적이냐, 일시적이냐의 차이다. 왕진은 증상이 있을 때 일시적으로 방문하고 증상이 없어지면 그것으로 끝이지만, 재택의료는 증상이 없어도 정기적으로 진료를 간다. 고령이나 마비가 있어 의료기관에 갈 수 없는 환자가 대부분이지만, 말기 암 환자가 집에서 임종을 맞이하기 위해 재택의료를 선택하는 경우도 있다.

　　병원에서 외래 진료를 받는 환자들은 당연히 낫고 싶은 마음을 갖고 있어서 치료에 집착한다. 하지만 암의 경우 어느 시기가 지나면, 치료하지 않는 편이 보다 나은 삶의 질QOL, Quality of Life을 보장한다. 치료의 부작용으로 고통받거나 체력이 저하되어 얼마 남지 않은 시간을 의미 있게 보내지 못하거나, 최악의 경우 오히려 수명이 단축되는 경우도 있기 때문이다. 나을 것이라는 믿음을 포기하지 않은 환자들은 이런 설명을 잘 받아들이지 않는다. 치료를 하지 않는 것은 죽음과 직결된다고 생각하고 의사에게 버림받은 것처럼 느끼기 때문이다. 하지만 나는 젊은 시절부터 낫는 것에만 집착한 나머지 얼마 남지 않은 인생의 귀중한 시간을 허비하는 환자들을 질릴 정도로 많이 봐왔다.

집에서 임종을 맞이하기 위해 재택의료를 선택한 환자는 어느 정도 달관한 마음이 있기 때문에, 병원에서 처방받은 항암제 등을 중단하는 것이 좋겠다고 하면 순순히 따른다. 치료를 중단하면 항암제의 부작용으로 떨어졌던 식욕이 돌아와 식사량이 늘어난다. 그러면 생각지도 못했던 활력이 돌아 1박 2일로 여행을 갈 정도의 차도를 보이는 경우도 있었다. 몸의 나른함이 사라졌다거나 잠을 잘 자게 되었다는 환자도 있었다. 최근에는 항암제의 부작용이 많이 줄어들었기 때문에 일부러 치료를 기피할 필요는 없지만, 부작용으로 인해 체력이 떨어질 정도라면 역시 무리하지 않는 편이 낫다.

누구에게나 삶의 마지막 날은 다가온다. 본인은 물론 가족들도 처음인 경우가 많기 때문에 모두 불안해한다. 나는 몇 번이고 집에서 임종케어를 해왔기 때문에 병원에서의 죽음에 비해 집에서 맞이하는 죽음이 얼마나 평온하고 자연스러운지 잘 알고 있다. 그래서 환자의 상태를 살펴보며 죽음에 이르는 단계를 차근차근 설명하고 불안감을 해소해주기 위해 노력해왔다.

내가 담당했던 폐암 환자 T씨는 아직 젊다면 젊은 60대 후반의 남성이었지만, 병원 치료도 별 효과가 없어서 집에서 임종을 맞이하기로 하고 퇴원 후 항암제 치료도 완전히 중단했다. T씨의 아내는 안절부절못하고 불안해하며 걱정했다. 아내 입장에서는 병원에 있는 편이 더 안심이 되었을 테니까. 나는 T씨 아내의 불안감을 줄여주기 위해 집에서 임종하는 것에 대해 자세히 설명했다. 임종이 가까워지면 식욕이 없어지고 점차 수분도 섭취하지 않게 되지만 오히려 자연스러운 과정이라는 것, 수액 등을 투여하면 혈액이 묽어지고 내장 기관에 부담을 준다는 것, 산소마스크 등도 거의 의미가 없다는 것 등을 알려주었다.

T씨는 집에서 자유로운 시간을 보냈지만 점차 몸이 쇠약해져, 집으로 돌아온 지 한 달 보름 만에 병상에 누워만 있는 상태가 되었다. 그러던 어느 날 밤, 마침내 의식을 잃고 혼수상태가 되었다. 연락을 받고 달

려갔을 때, 이미 T씨는 다다미에 깔린 이불 위에서 하악호흡을 하고 있었다. 주변에는 그의 아내를 비롯해 아들과 딸, 가족들이 모여 걱정스러운 표정으로 그를 지켜보고 있었다.

나는 T씨 아내의 안내를 받아 그의 머리맡에 앉았다. 그러나 내가 할 일은 없었다. 형식적으로 맥박을 측정하고 가슴에 청진기를 대 보았지만 모두 퍼포먼스였다. 하악호흡은 헐떡이는 것처럼 보이지만, 본인은 의식이 없기 때문에 고통도 없다는 것을 그의 아내에게 미리 설명해놓은 상태였다. 다른 가족들에게도 이런 설명이 전달된 것 같았다.

나는 T씨의 머리맡에서 일어나 그의 발 아래로 내려가 앉았다. 마지막엔 가족들이 곁에 있어야 한다고 생각했기 때문이다. 하악호흡이 점점 가늘어지고, 들이마시는 호흡도 점차 얕아졌다. 마지막이 점점 가까워지자 가족들은 모두 죽음을 받아들이는 듯했다. 슬픔 속에서도 엄숙한 공기가 흐르고 있었다.

의사로서 나는 아무 일도 하지 않고 그 자리에

대기할 뿐이었다. T씨는 정맥주사도, 산소마스크도 없이 자연 그대로의 모습으로 이부자리에 누워 있었다. 깊어가는 가을 마당에서는 풀벌레 소리가 들려왔고 다다미방에는 장막이 쳐 있었다. 분위기가 마치 에도시대의 임종을 지켜보는 것 같아서 잠시 어이가 없었으나 이것도 이것대로 괜찮다는 생각이 들었다.

T씨의 아내가 남편을 바라보면서 흐뭇한 표정으로 중얼거렸다. "집에서 임종을 맞이한다는 말을 들었을 때 어떨까 걱정스러웠는데, 이렇게 평온하게 세상을 떠날 수 있다니…." 나는 '아니, 아직 안 돌아가셨어요'라고 무심코 내뱉으려다가 입을 다물고 고개를 숙였다.

T씨가 마지막 숨을 내뱉고 수련의 시절 선배의 가르침에 따라 충분한 시간이 흐른 후, T씨 머리맡으로 가서 동공확장과 호흡음, 심음의 정지를 확인하고 사망선고를 했다. 그의 딸은 눈물을 닦고 있었지만, 아내를 비롯한 가족들은 모두 침착했다. 이것이 바로 자택에서의 임종이다. 얼마나 안온하고 자연스러운 마지막인가. 흰 벽에 둘러싸여 피할 수 없는 죽음에 저항하며 헛되이

각종 의료기기를 부착한 채 맞이하는 병원에서의 임종보다 훨씬 바람직하다는 것은 누가 보아도 분명하다.

재택임종 실패 사례

물론 재택임종도 항상 아름답게 마무리되는 것은 아니다. 재택임종을 아름답게 마무리하려면 사전에 환자 본인과 가족을 충분히 납득시키는 과정이 필요하다. 암 환자의 경우 자신의 몸 상태를 어느 정도 알고 있기 때문에 본인은 병원에서 고통스러운 검사나 치료를 받기보다 집에서 평온하게 마지막을 맞이하고 싶어 하는 경우가 적지 않다. 하지만 가족들은 병원 치료를 포기할 수 없어서 불안해하거나 혼란스러워 한다. 이런 상태에서 일방적으로 재택임종을 진행하면 납득시키기 어렵다. 그래서 가족들이 환자의 죽음을 어느 정도 받아들이고 있는지, 불안한 부분은 무엇인지 파악해야 한다. 또 병원에서의 치료가 그리 큰 효과를 기대할 수 없을 뿐만 아니라, 계속되면 환자를 고통스럽게 하고 환자의 남은 시간을 낭비하게 될 위험이 높다는 사실을 정확히 설명해야 한다. 그리고 집에서 임종을 맞이하면 자유롭게 지내면서 먹고 싶은 것을 먹고, 언제 자고 일어나도 상관없으며 편안한 침대(본인 것이므로)에서 검사나 치료를 받느라 긴장하지 않아도 되는 등 '자기다운 시간'을 보낼 수 있음을 설명한다.

　　가족들이 어느 정도 받아들이면, 마침내 임종이 가까웠을 때 일어날 일들을 설명한다. 듣고 싶지 않은 이야기일 수도 있지만, 마음의 준비를 해놓지 않으면 환자가 식욕이 없어졌을 때 가족들이 어떻게든 정맥주사를 놓아달라고 요청하는 경우가 있다. 마지막 단계에서는 정맥주사를 맞아도 효과가 없을 뿐만 아니라 심장과 신장에 부담을 주고 폐에도 물이 고여(즉, 서서히 익사하는 것과 같음) 환자를 괴롭힐 뿐이다. 이런 내용을 미리 설명해두면 식욕이 없어져도 가족들이 차분하게 받아들인다. 산소마스크 역시 마찬가지인데, 죽기 전이라면 답답하고 거추장스러울 뿐이다. 실질적인 의미는 거의 없고, 단순히 가족들을 안심시키기 위한 퍼포먼스에 불과하다. 이 부분에 관해서는 의료인들도 오해하는 사람이 적지 않다.

　　70대 중반의 M씨는 전립선암으로 입원 치료를 받고 있었지만, 이미 대퇴골과 골반으로 전이되어 집에서 임종을 맞이하기 위해 퇴원했다. 나는 M씨의 재택 주치의가 되어 의료용 마약으로 통증을 조절하면서 그의 아내에게 집에서 임종을 맞이하는 과정을 설명했다. 처음에는 M씨의 아내도 불안해했지만 점차 현실을 받아들이고 열심히 남편을 간병했다. 이후 M씨는 순조로운 나날을 보내다가, 이윽고 마지막 단계에 이르러 흡인성 폐렴에 걸려 호흡곤란이 왔다. 밤에 연락을 받고 달려가보니, M씨는 식은땀을 뻘뻘 흘리며 전력질주를 한 사람처럼 거친 호흡을 반복하고 있었다. 호흡음을 확인해보니 청진기를 떼고 싶을 정도로 거친 습성 랏셀음(가래가 많을 때 나는 잡음)이 들렸다. 이대로 하악호흡으로 넘어갈 가능성도 있었지만, M씨의 고통스러워하는 모습을 보니 그때까지 기다릴 수가 없었다.

내가 할 수 있는 일이라곤 강한 진정제를 주사해 의식을 잃게 하는 것뿐이었다. 고통이 너무 심하면 통상적인 양의 진정제로는 의식이 사라지지 않아 치사량에 가까운, 혹은 그 이상의 진정제를 사용해야 할 수도 있다. 이는 사실상 안락사나 다름없는 것이다. 나는 그렇게까지 해야 하나 잠시 망설였다. M씨는 이미 정신이 몽롱한 상태로 본인의 의사를 확인할 수 없었다. 그래서 가족들에게 상황을 설명하고 결정을 내리기로 했다. M씨는 원래 아내와 단둘이 살았는데, 마침 아들이 소식을 듣고 달려와 있었다. 아내에게는 재택임종에 대해 충분히 설명했지만, 아들과는 초면이었다. 그런데 달려온 아들이 이렇게 말했다. "빨리 병원으로 옮겨주세요!" 아들로서는 당연한 판단이었는지도 모른다. 하지만 결코 현명한 선택은 아니었다. 나는 상황을 설명했고 M씨의 아내도 말리려 했지만, 눈앞에서 고통받는 아버지를 지켜보는 아들의 귀에는 아무것도 들리지 않았다. 어쩔 수 없이 구급차를 불러 M씨를 병원으로 이송했다.

그리고 2주 후 M씨의 아내로부터 그가 사망했다

는 연락을 받았다. 나는 불단(대부분의 일본 가정에는 불단이 있으며 유골함을 불단에 모시기도 함_번역자)이라도 찾아뵙고 작별인사를 드리고 싶어서 M씨의 집을 방문했다. 그의 아내에 따르면, M씨는 병원 도착 후 폐렴 치료를 위해 흉부 방사선 촬영과 CT스캔을 하고 혈액검사, 정맥주사, 가래흡입(입이나 코에 흡입 튜브를 삽입하여 가래를 뽑아내는 것) 등의 처치를 받았다고 한다. "가만히 놔두면 좋겠다고 생각했지만, 그런 말조차 입밖에 내지 못해서…" M씨의 아내가 지친 표정으로 중얼거렸다.

　죽음이 임박한 M씨를 엑스레이실로 옮겨 검사대에 눕히고, 정맥주사 바늘을 꽂고, 숨 쉬는 걸 방해하는 가래를 빼내기 위해 침대에서 튕겨나갈 정도로 가래흡입을 계속 반복했다. 하는 사람에게는 의료행위지만, 당하는 사람에게는 고문이나 마찬가지였을 것이다. 폐렴 증상이 조금 나아지자 M씨는 집으로 돌아가고 싶어했다. 아내도 퇴원을 요구했지만 병원 측은 허락하지 않았고, 병문안을 온 친척들도 이런 상태로 퇴원시켜 줄 리가 없지 않느냐며 한마디씩 거들었다고 한다. "남편이 산소마스크를 싫어해서 정신이 몽롱한 상태에서도 몇 번이고 떼어냈어요. 그러면 간호사가 와서 다시 원래대로 산소마스크를 씌우고 남편이 고개를 흔들어도 벗겨주지 않았어요. 그게 불쌍해서…" 물론 병원도 악의가 있어서 그런 것은 아니다. 병원 입장에서도 구급차로 실려왔는데 아무것도 해주지 않을 수는 없으니까 말이다. 왔으니까 치료를 위한 검사와 최선의 치료를 하지 않으면 안 된다.

사망 위험이 높다는 것을 알면서도 퇴원시키면 나중에 가족 중 누군가가 나타나서 "환자를 돌보지 않았다"거나 "쫓아냈다"는 등의 이야기가 나올 수도 있다. 그래서 일견 잔인해 보이는 처치를 한 병원도 비판할 수는 없다. 아무튼 '아들에게도 앞으로의 상황을 미리 설명해놓았다면 좋았을 텐데…' 하는 아쉬움이 남았지만, 이미 다 지나간 일이 되어버렸다. M씨에게 병원에서 연명한 2주 남짓한 시간은 어떤 의미였을까.

바람직한 임종

M씨는 마지막에 병원에 갔기 때문에 위와 같이 안타까운 마지막을 맞았지만, 내가 환자의 집에서 임종 케어를 했던 환자들은 대부분 평온한 임종을 맞이했다. 죽음을 받아들이고 무의미한 의료 행위를 하지 않는 것이 임종을 앞둔 당사자를 위한 것임을 가족들이 십분 이해하고 있었기 때문이다.

임종 직전에는 정맥주사도, 산소마스크도 효과가 없다. 오히려 환자에게 부담만 줄 뿐이다. 그렇게 한다고 해서 수명이 늘어나거나 환자가 편해지는 게 아님을 알기에 조용히 보내주는 것이다. 대부분의 가족들은 죽음이 임박한 사람에게 무언가를 해주고 싶고, 죽음을 조금이라도 늦추고 고통을 덜어주고 싶어한다. 마음은 이해하지만 그런 것들은 도움이 안 된다.

오히려 극심한 통증을 억제하는 의료용 마약을 투약하거나, 호흡곤란이나 쇠약감 등에 시달릴 때 사용하는 진정제를 투여하는 것이 보다 효과적인 의료 행위일 수 있다. 모르핀을 비롯한 의료용 마약을 투약하는 행위에 대해 아직도 오해하는 사람들이 있다. 무섭다거나 마약에 중독되면 어쩌나 등의 걱정을 하는데, 죽음이 임박한 사람이 마약에 중독될까 걱정하는 것은 말도 안 되는 넌센스다. 이들 마약이 무섭다는 것도 단순한 이미지에 지나지 않는다. 그런데도 이웃 중 누구누구가 의료용 마약을 쓰자마자 죽었다고 말하는 사람들이 있다. 그것은 마약 때문에 죽은 것이 아니라 도저히 견딜수 없는 상황까지 마약을 쓰지 않다가 사망 직전에 사용했기 때문에 마약으로 죽은 것처럼 보이는 경우가 대부분이다.

참고 인내하는 것을 미덕으로 여기는 사람들이 많은데(요즘 젊은 사람들은 예외일 수도 있지만) 암 말기에도 의료용 마약 투약을 최대한 미루다가 오히려 체력이 떨어져 사망 시기를 앞당기는 경우도 있다. 고통을 참느라 인생의 마지막 시간을 무의미하게 낭비하는 것처럼 안타까운 일도 없다.

진정제로 고통을 억제할 때는 M씨의 케이스에서

처럼 치사량에 가까운 정도의 용량이 필요한 경우도 있다. 이 경우 가족에게 충분히 설명한 후 필요한 양을 투여할 수도 있다고 생각한다. 임종을 앞둔 환자가 눈앞에서 극심한 고통에 시달리는데, 원칙이나 이상론을 앞세워 수수방관하는 것은 의사로서도, 인간으로서도 너무 배려가 부족하다고 생각한다.

소중한 가족이 죽어갈 때 아무것도 하지 않고 지켜보는 것은 굉장히 힘들고 괴로운 일이다. 하물며 생명을 단축시키는 약을 투약하는 것은 더더욱 그렇다. 그럼에도 내가 임종케어를 맡았던 환자 가족들이 이를 받아들인 것은 사전에 상태를 여러모로 살피면서 최대한 정중하게 설명해두었기 때문이다.

임종을 맞이할 때 정맥주사 따위는 지양하고 생기를 잃어 자연스레 죽는 것이 가장 편한 방법이다. 암성 통증에는 최대한 빨리 마약성 진통제를 사용하여 통증을 줄여주는 것, 그리고 고통이 심할 때는 생명을 단축시킬 위험을 감수하고서라도 의식을 없애주는 것이 좋다. 마음의 준비만 잘 되어 있다면, 평온

한 임종을 맞이할 수 있다는 것은 일단 틀림없는 사실
이다.

재택임종에 대한 불안과 장애물

하지만 마음의 준비가 어렵다고 생각하는 사람
도 적지 않다. 임종케어를 해본 경험이 없는 경우가 대
부분이므로 마지막 순간까지 제대로 돌볼 수 있을지,
도중에 너무 고통스럽지는 않을지, 생각지도 못한 일이
발생하면 어떻게 해야 하는지 등 여러 가지 불안감이 생
기는 게 당연하다. 이런 불안감을 해소하기 위해 재택의
료를 담당하는 주치의와 방문 간호사, 케어매니저, 헬
퍼 등이 존재한다. 모두 각각의 역할이 있다. 주치의는
치료 계획을 세우고 처치를 한다. 만약 환자가 사망하
면 확인 후 사망진단서를 작성한다. 방문간호사는 환자
의 병세를 확인하고 필요한 처치를 돕는다. 케어매니저
는 재택요양환자의 간병을 위한 계획을 작성하는 한편,

코디네이터로서 진찰 및 간병 스케줄을 조정하는 역할을 한다. 헬퍼는 환자를 돌보는 조력자 역할이다.

걱정스럽거나 불안한 일이 있으면 언제든지 이들 중 누군가와 상담할 수 있고, 돌발상황이 발생해도 의료와 간병 측면에서 적절히 대응한다. 주치의가 있는 경우에는 주치의에게 부탁하거나 다른 의사를 소개받아 재택의료를 시작하면 된다. 주치의가 없는 경우에는 거주지의 의사협회에 재택의료 관련 상담을 요청하면 의사를 소개받을 수 있다. 케어매니저는 거주지 관공서의 복지과에 상담하거나 지역포괄지원센터에 문의하면 소개받을 수 있다.

비용에 대해서도 많이 궁금해하는데, 재택의료는 10퍼센트 부담의 경우 월 6,000엔에서 1만 엔 정도, 방문간호는 횟수와 시간에 따라 다르지만 1만 엔 전후라고 생각하면 될 것 같다.

나의 13년 재택의료 경험에 비춰봤을 때, 환자나 가족이 크게 당황하거나 구급차를 꼭 불러야만 할 만큼 심각한 상황은 거의 없었다. 숙부님의 경우처럼 피를 토하는 등의 상황이 발생하면 곤란하지만, 적어도 내가 담당한 환자에게는 그런 일이 없었다. 만일의 사태를 너무 많이 생각하면 불안감만 커져서 재택임종의 진입 장벽이 점점 높아지게 된다.

　20세기 초까지만 하더라도 대부분의 사람들이 집에서 임종을 맞이했다. 예전에는 가능했던 일이 문명이 더 발전한 지금, 불가능해졌다는 게 오히려 이상한 일이다. 못하는 이유가 있다면 불안과 걱정이 커진 탓일 게다. 내 경험에 비춰봤을 때, 그리 걱정하지 않아도 된다. 그런데 이런 점들이 잘 전달되지 않는 것 같아 안타깝다.

　지금은 재택의료와 간병을 위한 환경이 잘 갖추어져 있기 때문에, 본인 집에서의 임종케어는 어느 정도 마음의 준비만 되어 있다면 충분히 가능하다. 60대의 자녀가 노부모를 돌보거나 노인 부부가 서로를 돌보는 상황은 물론, 독거노인을 포함한 대부분의 가정에서도 큰 문제가 없다.●

죽음을 받아들이는 법

　　내 아버지의 임종을 소개하며 이 장을 마무리할까 한다. 아버지는 마취과 의사였지만, '의사의 불섭생'(의사가 오히려 건강에 유의하지 않는다는 뜻의 일본 속담)의 표본이라고도 할 수 있었다. 당뇨병이 있었지만 식이요법을 전혀 하지 않았다. 일흔 살에 쓰러졌을 때는 혈당 수치가 700을 넘어선 상태였다. 여든까지는 살고 싶다고 말했지만, 그 나이를 넘긴 후에는 오히려 지나치게 오래 살까봐 두려워했다. 아흔 살, 백 살까지 살면 남은 시간 동안 고통이 가득할 것이 불보듯 뻔했기 때문이다.

　　그래서 여든다섯 되던 해에 전립선암 진단을 받자, "이제 너무 오래 살지는 않겠구나"라고 기뻐하며 치료를 권하는 의사에게 "당치도 않다. 터무니없는 소리

●　우리나라의 경우, 2022년 시작된 '장기요양 재택의료센터 시범사업'이 있다. 의사, 간호사, 사회복지사로 이루어진 팀이 의료, 요양, 돌봄의 통합적 계획을 수립하여 제공하며, 건강보험의 경우 방문 건수 당 12만 원 내외의 진료 수가가 지급되는데, 그중 15~30%만 본인이 부담한다. 장기요양보험 이용자의 경우 본인부담금은 없다. 다만 아직 시범사업의 형태라 이용자가 많지 않다. 이러한 서비스가 자택임종으로 이어지기에는 아직 체계적인 정책이 미흡한 상태로 보완이 필요한 실정이다. _번역자주

말라!"고 했다. 1년 뒤 요추 압박골절(눌리는 힘 때문에 척추뼈의 앞부분에만 골절이 생기는 것. 보통 심한 골다공증 환자가 주저앉을 때, 혹은 낙상 등 매우 심한 외력이 가해질 때 발생)이 발생해 식욕을 잃고 물조차 마시기 어려운 상황이 되었다. 병문안 온 손자에게 "열흘 정도만 더 고생하면 편해질 거다"라고 이야기하며 스스로 죽음을 받아들이는 듯 했다.

아버지는 입원은 물론, 검사나 치료도 모두 필요 없다면서 "잘 살았어. 좋은 인생이었어. 모두 고마워"라고 침대에 누워서 이야기했다. 침대에서 일어나지 못할 정도로 중증이면 병원에 데려가야 한다는 사람도 있을지 모르겠다. '압박골절'이라는 이미 알고 있는 진단명을 듣기 위해 가뜩이나 아픈데 몸을 이리저리 돌리면서 엑스레이나 CT 촬영을 해야 할지도 모른다. 그리고 찜질과 안정을 취하라는 당연한 처방을 받게 될 것이다. 그렇다면 차라리 처음부터 집에서 안정을 취하면서 찜질을 하는 것이 훨씬 더 합리적이다.

내 아버지의 경우, 본인을 비롯한 가족 모두가

아버지의 죽음을 받아들이고 있었기 때문에 차분하게 임종을 맞이했다. 냉정하다고 생각할 수도 있지만 아버지의 연세에 마음이 죽음으로 향했다면 그대로 받아들이는 편이 낫다는 걸 가족 모두가 이해하고 있었다.

죽음을 받아들이고 나니, 식사나 수분을 섭취하지 않는다 해도 걱정하지 않았다. 혈뇨가 나와도 검사나 치료가 필요없었으며 변비가 계속되어도 힘들게 관장을 하지 않았다. 욕창이나 와상(노환이나 기타 질병으로 자리에 누운 채 일어나지 못하는 상태) 걱정도 하지 않았다. 통증이 심하면 대응할 준비가 되어 있었지만, 안정을 취한 상태에서는 통증이 없어서 그저 조용히 아버지의 임종을 기다릴 뿐이었다.

하지만 얄궂게도, 언제 죽어도 괜찮다고 생각하면 오히려 죽음은 좀처럼 찾아오지 않는 것 같다. 아버지의 식욕부진의 원인은 압박골절로 인한 통증 때문이었는데, 시간이 지나면서 서서히 회복되어 다시 음식을 조금씩 섭취하기 시작했다. 생명을 이어갈 수 있는 정도의 양은 아니었다. 하지만 가족 모두가 아버지에게 음식을 권한다든지, 물도 함께 마시라는 등의 잔소리를 하지 않았다. 먹고 싶은 만큼만 먹고, 마시고 싶지 않으면 마시지 않도록 했다. 필요한 칼로리 등은 전혀 고려하지 않았다.

우리 가족은 아버지 덕분에 행복한 삶을 살게 된 것에 감사했다. 아버지도 그 점에 만족하는 것 같았다. 아버지의 병실로 쓰던 방에는 평온한 공기가 흐르고 아무런 근심 걱정이 없었다. 아버지는 창을 통해 정원을 바라보며 "아, 장미꽃이 반짝반짝 빛나네!"라고 이야기했다. 이른바 '말기의 눈'(죽음을 앞두고 자연이 아름답게 보이거나 모든 것이 사랑스럽게 느껴지는 것을 가리키는 일본의 관용구)이구나 싶어서 바라보니, 내 눈에도 장미꽃이 반짝반짝 빛났다. '아버지와 함께 볼 수 있는 장미는 이게 마지막이겠구나' 하는 생각이 들었다. '말기의 눈'은 죽어가는 사람만이 느끼는 것이라고 생각했는데, 꼭 그렇지만은 않다는 걸 그때 깨달았다. 머지않아 아버지는 서서히 쇠약해져, 압박골절이 된 지 1년 3개월 만에, 흡인성 폐렴으로 87세의 생을 마감했다. 별다른 고통 없이 폐렴 발병 후 하루 만에 임종을 맞이했다.

죽음이 다가오면 많은 사람들이 불안과 걱정에 휩싸여 병원에서 번거로운 검사와 소용도 없는 치료를 받는다. 죽음을 거부하기 때문이다. 너무 일찍 죽는 것이라면 곤란하겠지만, 어느 정도 나이가 들었다면 죽음을 받아들이는 편이 더 좋은 죽음을 맞이하는 방법이다. 그러기 위해서는 각오를 단단히 할 필요가 있다. 아버지가 비교적 큰 저항 없이 죽음을 받아들인 것은 의사라는 직업의 특성상, 초고령으로 사는 게 얼마나 힘든지 잘 알고 있었기 때문이다. 어쩌면 불교나 도교적 소양도 영향을 끼쳤는지 모른다.

중요한 것은 '충분함을 안다'는 것, 내가 아버지로부터 물려받은 '바람직한 죽음의 비결'이다.

3

'죽음' 견문록

삶에서 일어나는 우연

긴 인생을 살다 보면, 삶에 큰 영향을 미치는 우연과 마주칠 때가 있다. 내가 외국에서 일하게 된 것도 이런 우연 때문이었다. 당시 나는 30대 초반이었고 고베의 한 병원에서 말기 암 환자들을 맡아 고군분투하고 있었다. 말기 환자들에 관심을 갖게 된 것은 젊은 외과 의사들이 살릴 수 있는 환자에만 집중하고, 완치 가능성이 적은 환자들의 치료에는 열정을 쏟지 않는 것에 대한 반발심 때문이었다.

의사는 환자의 생명을 살리는 직업이기에, 얼마나 많은 환자를 살려냈느냐로 인정받는 측면이 있다. 그래서 동료나 선배들이 살릴 수 있는 환자에게만 열정을 쏟는 심정도 이해는 할 수 있다. 하지만 나을 수 없고 살릴 가능성이 낮은 환자에게도 의료는 필요하다. 나는 그런 환자들에게 다가가는 것이야말로 꼭 필요한 일이라고 생각했다. 그래서 완화의료에 뛰어들었다.

하지만 당시에는 '터미널케어'(인간의 존엄성을 지키기 위해 연명치료를 중단하고, 신체적·정신적 고통을 줄이는 의료에 초점을 맞추는 임종케어)라는 단어도 일반적으로 쓰이지 않았고 논문도 거의 없었으며 교과서나 참고서도 없었다. 유일하게 '죽음의 임상연구회'라는 단체가 있었을 뿐이다. 나는 그곳에 가입하여 심포지엄 등에 참석했다.

완화의료의 목적 중 하나는, 환자에게 죽음을 받아들이도록 하고 남은 시간을 가장 자기답게 보내게 하는 데 있다. 하지만 당연히도 환자는 병을 고쳐주길 바란다. 당시는 암을 고지하지 않는 시대였기 때문에 환자가 죽음을 받아들이는 것을 힘들어했다. 그래서 나는 점차 병세가 악화되는 환자들을 마주하며 괴로운 나날을 보내고 있었다. 말기 환자를 맡으면, 언제 상태가 악화되어 호출벨이 울릴지 몰라(스마트 호출 따위는 없던 시절이었다) 마음 편할 날이 없었다. 그럼에도 안타깝게 죽어가는 환자들의 임종을 경험하면서, 나는 의료현장의 어려움과 나 자신의 무력함으로 인해 거의 노이로제에 걸릴 지경이었다. 그러던 어느 날 의국의 소파 옆에 쌓여있던 〈일본의사신보〉라는 잡지를 무심코 집어들었다. 그리고 외무성에서 의무관을 모집한다는 기사를 보게된다. 나는 평소 이런 잡지를 거의 읽지 않는데, 왜 그때 그 잡지를 집어들었는지 모르겠다.

예전부터 외국 생활에 대한 동경은 있었지만, 박사과정도 마치지 않았기에 병원에서 보내주는 유학 같은 것은 애초부터 가능성이 없었다. 외국 생활은 현실성 없는 꿈 같은 이야기라고 포기하려던 차에 그 기사를 발견한 것이다. 그때가 서른셋을 코앞에 둔 시점이었다.

외무성 의무관으로의 전직

외무성 의무관은 해외의 일본 대사관에 부임하여 대사관 직원과 그 가족들을 진료하고, 해당 국가에 거주하고 있는 일본인들을 위한 건강 상담과 현지의 의료 사정 조사 등의 업무를 담당한다. 대사관에 중학교 보건실을 가져다놓은 것이라고 생각하면 좋을 것 같다.

외무성도, 대사관도 내게는 미지의 세계였지만, 그 역시 사람이 하는 일이라 생각하고 큰 부담 없이 지원했다. 다행히 빈 자리가 있어 순조롭게 채용되었고, 첫 근무지로 사우디아라비아에 발령을 받았다. 사우디아라비아에 대해 아는 것이라고는 세계 1위 산유국(당시), 이슬람교의 발상지, 광활한 사막과 작열하는 태양, 남성은 아랍식 옷을 입고 여성은 검은 베일로 온몸을 가린다는 정도였다.

'일단 가면 어떻게든 되겠지'라는 생각으로 우선 혼자 먼저 가서 상황을 지켜보다가 3개월 후에 가족을 불러들였다. 수도 리야드는 '사막에 달러를 깔아놓은 도시'라고 불릴 정도로 오일머니로 호화롭게 디자인되어 있었다. 도로가 왕복 8차선, 궁전 같은 호화주택, 거대한 쇼핑센터와 슈퍼마켓이 즐비하고, 식료품과 생활용품도 이슬람에서 금기시하는 술과 돼지고기 외에는 모든 것이 다 있는, 풍요로움 그 자체였다.

그러나 낮 기온이 섭씨 50도를 넘나들고 습도는 한 자릿수로 매우 건조한 날씨였다. 게다가 하루 다섯 번 기도하는 시간, '살라트'에는 식당을 비롯한 모든 가게가 문을 닫았다. 여성은 외국인일지라도 자동차 운전이 금지되어 있었으며, 외출 시에는 '아바야'라는 검은 베일로 얼굴 이외의 전신을 가리고 다녀야 하는 등 규칙이 엄격했다.

사우디아라비아 의사와의 대화

현지의 의료 실태 조사를 위해 사우디아라비아의 왕립병원을 방문했을 때, 흰 아랍식 옷 위에 흰 가운을 걸친 외과 과장이 병원 내부를 안내해주었다. 청진기를 목에 걸고 있어서 그가 의사라는 것을 알 수 있었지만, 머리에는 '구트라'라는 붉은 체크무늬 천을 두르고 이를 검은색 머리띠로 고정한 모습이라 일반적인 의사와는 이미지가 많이 달랐다.

병원은 오일머니의 혜택으로 건물과 시설이 모두 최신식이며 일본의 대학병원과 견주어도 손색이 없을 정도로 잘 갖추어져 있었다. 수술실과 중환자실 등도 훌륭해서 여기라면 응급환자가 발생해도 안심하고 맡길 수 있겠다는 생각이 들었다.

나는 완화의료에도 관심이 많았기 때문에, 병원을 모두 둘러본 후 자기소개를 하면서 완화의료에 대한 이야기를 들려달라고 했다. 병원에 대한 안내가 끝나고 헤어지기 직전, 외과 과장이 "당신은 왜 대사관에서 일합니까?"라고 묻기에 "일본에서 말기 암 환자를 돌보는 외과의사로 일하다가 지쳐서 현장에서 도망쳐왔습니다"라고 솔직하게 대답했다. 그러자 그는 깊이 수긍하며 "사우디아라비아에서도 말기 암 환자 치료에 어려움을 겪고 있어요"라고 말했다. 암 진단 고지의 문제, 항암제의 부작용, 수술로 인한 합병증과 연명치료의 폐해 등 사우디아라비아와 일본은 자연도, 문화도 전혀 다르지만 암 환자 치료에 똑같이 어려움을 겪고 있었다.

나는 아랍식 옷을 입은 외과 과장에게 친근감과 공감을 느끼며 서툰 영어로 이렇게 말했다. "암 치료는 어느 시점을 넘어서면 아무것도 하지 않는 편이 더 바람직한데, 환자들은 마지막의 마지막까지 치료를 요구해오지 않습니까? 이럴 때 의사는 뭐라고 말해야 할까요?" 그러자 외과 과장은 자신만만한 표정으로 대답했다. "그럴 때는 이렇게 말하면 됩니다. 죽음을 두려워하지 말라. 알라가 영원한 영혼을 보장해주신다고 말이죠."

그간의 친근감이 한순간에 사라졌다. 마치 영화 〈십계〉에서 모세가 좌우로 갈라놓은 홍해만큼의 괴리감이 느껴졌다. 종교가 지배하는 나라는 역시 다르다는 것을 느꼈다. 내겐 상당히 놀라운 경험이었다.

예멘에서 죽음을 애도하는 법

　전 세계 모든 일본 대사관에 의무관이 배치되어 있는 것은 아니기 때문에, 나는 의무관이 없는 대사관이나 총영사관에 가서 정기적으로 순회 검진을 실시했다. 내가 사우디아라비아에 부임해 담당했던 곳은 북예멘과 남예멘(예멘은 1990년에 통일), 그리고 제다의 총영사관이었다. 남예멘의 수도 아덴에 갔을 때 그곳에 진출해 있던 일본 기업의 현장소장에게 들은 이야기다.

　50대 예멘인 엔지니어가 어느 날 오후 심장발작으로 급사했다. 구급차를 불렀지만 그 자리에서 사망이 확인되어 시신을 자택으로 옮겼다고 한다. 현장소장은 엔지니어가 사망한 장소에서 꽃다발을 준비해놓고 기다렸다고 한다. 엔지니어가 쓰러졌던 당시의 상황을 물어보기 위해 그의 아내와 아들이 찾아올 것이라고 생각했기 때문이다. 그런데 날이 어두워져도 아무도 오지 않는 것이 이상해서 주변에 물어보니, 시신은 이미 매장되었으며 장례도 벌써 치렀다고 했다.

사망한 엔지니어는 발작이 일어나기 전까지 몸이 불편하다고 이야기한 적이 전혀 없었다고 한다. 즉 그날 아침 가족들은 아버지이자 남편인 그 엔지니어를 평소와 다름없이 집에서 배웅했는데, 갑자기 사망했다는 소식을 듣게 된 것이다. 우리 같았으면 슬퍼하면서도 사망 당시의 상황을 정확히 알기 위해 현장에 있었던 사람의 이야기를 들어보려 했을 것이다.

일본에서는 소중한 가족의 죽음을 받아들이기 위해 쯔야(일본의 장례절차 중 하나로, 망자의 유해를 지키며 밤을 지새우는 것)를 하고, 고별식(한국의 발인에 해당하는 의식)을 하고, 오랜 시간이 지난 후에야 시신을 화장터로 옮긴다. 그런데 예멘 사람들은 갑작스러운 가족의 죽음에도 사고 당일에 바로 장례를 치른다고 했다. "우리와는 많이 다르더라고요." 소장은 겸연쩍은 표정으로 말해주었다.

남예멘은 석유가 나지 않아 가난한 나라다. 게다가 바닷가에 위치한 아덴은 기후가 고온다습해서 시신을 보존하기도 어려운 상황이다. 이런 배경뿐만 아니라 이슬람 문화권에서는 누군가가 사망하면 바로 매장하는 것이 관례라고 했다. 사우디아라비아의 제3대 국왕 파이살 빈 압둘아지즈 알사우드가 암살당하는 사건이 발생했을 때도, 바로 매장한다고 해서 각국 정상들이 서둘러 조문을 왔다는 이야기도 들은 적이 있다.

오스트리아 빈 〈죽음의 초상〉

사우디아라비아 다음으로 부임한 곳은 오스트리아 빈이었다. 기본적으로 의무관은 의료 사정이 열악한 개발도상국에 배치되는 것이 일반적이지만, 여러 지역을 함께 담당하는 것을 조건으로 런던, 파리, 워싱턴 등의 선진국 도시에도 간혹 자리가 난다. 오스트리아 빈도 그중 하나였다. 나는 동유럽 6개국에서 온 환자들을 받는 임무를 맡게 되었다.

내가 부임했던 1990년대 초, 베를린 장벽이 무너졌음에도 동유럽에서는 아직까지 사회주의의 영향이 남아 있어서 충분한 의료 서비스를 받기 어려웠다. 그렇다고 일본까지 돌아가기는 너무 멀었기 때문에 빈의 병원에서 치료를 받을 때, 안내와 통역을 하는 것이 광역 담당의, 즉 나의 업무였다(안타깝게도 광역 담당의가 대응하는 상대는 대사관 직원과 그들의 가족, 그리고 정부 관계자들로 한정되어 있었다. 일반 재외국민이나 여행자는 몇몇 긴급한 경우를 제외하면 대응이 불가능했다).

오스트리아 빈은 명실상부한 '음악의 도시'로 국립오페라하우스와 빈 음악협회 등의 세계적인 공연장이 산재해 있어서, 빈 필하모닉 오케스트라를 비롯한 여러 오케스트라의 훌륭한 연주를 경험할 수 있었다. 뿐만 아니라 공원을 산책하다 보면 음악을 전공하는 학생들의 연습 소리가 들려온다. 또 길거리에서도 세미프로 음악가들이 멋진 연주를 들려준다.

빈의 미술과 건축, 문학, 연극도 모두 저마다 유구한 역사가 이어지고 있어서 마치 도시 전체에 예술이 넘쳐나는 느낌이었다. 이러한 점은 여행 서적 등에도 잘 소개되어 있다. 하지만 잘 언급되지 않는 빈의 특징 가운데 하나는 도시 전체가 죽음에 저항하지 않는다는 것이다. 죽음은 당연한 것이기 때문에, 혐오스러운 것이 아니라 흥미로운 주제로 받아들이는 것 같다.

내가 재직할 당시 빈 시립박물관에서 〈죽음의 초상〉이라는 전시가 열렸다. 죽음에 관한 이모저모를 모아놓은 전시인데, 입구에 들어서자마자 정면 벽에 90여 점 정도의 데스마스크(death mask, 사람이 죽은 직후에 밀랍이나 석고로 그 얼굴을 본떠서 만든 안면상. 죽은 사람의 생전 모습을 남기거나, 무덤을 고인의 초상으로 장식하는 데에 사용됨)가 전시되어 있었다. 베토벤, 하이든, 요한 슈트라우스, 구스타프 말러 같은 음악가와 함께 클림트, 에곤 실레 같은 화가의 것도 있었다.

베토벤은 심각한 얼굴의 석고상이 유명하지만, 그것은 데스마스크가 아니라 라이프마스크(살아 있는 사람의 얼굴에 본을 떠서 만든 안면상)였다. 베토벤은 간경화로 사망했기 때문에 그의 데스마스크는 볼이 푹 꺼지고, 눈은 움푹 패이고, 얇게 벌어진 입에는 치아가 살짝 비치고 있었다. 해부 소견에 따르면 꽤 많은 복수가 차 있었다고 전해지니 아마 황달도 있었을 것이다. 빈 시립공원 한가운데, 바이올린을 켜는 요한 스트라우스의 브론즈 동상(원래 청동으로 된 동상이었으나, 1994년 순금으로 도장하여 지금의 모습이 되었다)은 도시의 상징물이 되었다. 초상화에서의 삐죽삐죽 솟은 수염 대신 축축하게 늘어진 수염과 전체적으로 부어오른 얼굴이 우아한 '왈츠의 왕'의 데스마스크라고는 믿기지 않는 모습이었다. 그리고 앞가슴부터 본떠 만든 말러의 데스마스크에 다다르면, 마르고 쇠약해진 모습으로 고개를 비틀고 괴로운 듯 숨을 거둔 모습이 전해진다. 나도 모르게 눈썹을 찡그렸다.

데스마스크는 실제 죽음의 얼굴이라 그런지, 전시된 아흔 점 정도 되는 각각의 얼굴이 죽음 직후의 무력함을 나타내고 있었다. 어쩐지 섬뜩한 고요함이 느껴졌다. '아무리 위대하고 유명한 사람도 죽으면 이런 얼굴이 되는구나.' 새삼 죽음 앞에 모든 사람은 평등하다는 생각이 들었다.

죽음과 친숙한 도시

그 외에도 〈죽음의 초상〉 전시에서는 합스부르크 가문(유럽에서 가장 오래된 왕가 중 하나로, 1273년부터 1918년까지 오스트리아-헝가리제국의 왕족으로 군림했음)의 황제와 그 친족들의 관에 걸려 있는 호화로운 직물, '죽음의 무도'라 불리는 해골들의 군무를 표현한 그림, 죽음을 주제로 한 현대미술 작품 등이 전시되어 있었다.

관광 안내 책자에 나오는 명소도 죽음과 관련된 장소가 많다. 가장 먼저 장례박물관이 떠오른다. 장례와 관련된 모든 것이 전시되어 있는데, 다양한 관을 구경하는 것만으로도 지루할 틈이 없다. 예를 들어, 사람이 매장된 후 다시 깨어날 경우를 대비해서 지상에 알리기 위한 종이 달려 있는 관이나, 반대로 시체가 살아나면 다시 숨통을 끊어버리기 위해 창으로 찌를 수 있게 대롱을 부착해놓은(다시 깨어나지 않았으면 하는 사람을 넣은 모양이다) 관 등이다. 아카데미상을 수상했던 영화 〈아마데우스〉에 등장한, 재사용이 가능한 관도 있다. 시신을 묘지까지 운구한 후 고리를 빼면 관 바닥이 열려 시신을 무덤에 떨어뜨린 후, 관은 다시 가져와서 다음 사람이 또 사용할 수 있는 시스템이다. 영화에서는 자루에 넣은 모차르트의 시신을 담은 관을 인부가 거대한 구덩이 앞에서 들어올리면 발밑의 덮개가 열리면서 시신이 무덤으로 떨어지는 방식이었는데, 전시된 것은 등판이 열리는 방식이었다.

장례박물관 다음으로는 '나렌투름'이라 불리는 병리-해부학박물관이 유명하다. 나렌투름은 '바보의 탑'이라는 뜻이다. 박물관의 원통형 건물은 과거 정신병원으로 사용되기도 했다. 이곳은 다양한 질병으로 사망한 사람의 장기를 정교한 세공으로 재현해 전시하고 있다. 여러 전시실을 차례대로 둘러보았는데, 첫 번째는 '성병'에 관한 전시였다. 기괴하게 변형된 외음부부터 매독 때문에 발병한 연골염으로 코가 없어진 여성의 얼굴 등 심약한 사람에게는 추천할 수 없는 곳이다.

요제피눔의학사박물관 역시 해부학을 주제로 한 박물관이지만, 이곳 전시물들은 그로테스크하다기보다는 우아하다는 표현이 더 잘 어울린다. 이곳에는 황제 요제프 2세가 이탈리아의 해부 장인에게 의뢰해 만든 밀랍인형들이 전시되어 있다. 예를 들어 '누워 있는 비너스'로 불리는 밀랍인형은 전라의 젊은 여성이 꿈꾸는 듯한 표정으로 누워 가슴부터 복부까지 내장을 훤히 드러내놓고 있다. 머리카락은 허리까지 내려오는 금발에 목에는 진주 목걸이를 걸고 있다. 이 밖에도 전신 근육을 재현한 밀랍인형이나 혈관과 림프관을 재현한 인형이 춤추며 뛰어오르는 듯한 포즈를 취하거나 하늘을 향해 팔을 뻗어 올린 자세를 취하고 있다. 무미건조하게 누워 있는 해부학 표본이 아니라 생동감 넘치는 몸짓으로 만들어졌다는 점에서 죽음을 대하는 여유로운 태도가 느껴졌다.

장례와 부검이 끝나면 매장을 하는데, 높으신 분들의 매장은 간단하지 않다. 사망한 합스부르크가의 황제와 왕비의 심장은 은으로 된 항아리에 담아 아우구스티너교회에, 내장은 슈테판대성당 지하에 보관하고, 시신은 카푸친교회 지하 납골당에 안치된다(모두 빈 시내에 있는 가톨릭교회들이다). 카푸친교회 납골당에서는 황후 마리아 테레지아, 그의 장남 요제프 2세, 비운의 황후 엘리자베트 등의 관을 볼 수 있다. 황후 마리아 테레지아의 청동으로 만든 관은 남편인 로트링겐 공의 관과 붙어 있는데, 주위에 천사와 여신을 비롯하여 꽃과 풀로 꾸며진 화려한 장식으로 가득하다. 반면 그 앞에 놓인 요제프 2세의 관은 아무런 장식이 없는 나무관으로 상당히 소박하다. 그의 관이 이렇게 소박한 이유는 장례문화가 너무 호화스러워지는 것을 억제하기 위해, 장례식 간소화령을 내린 장본인이 바로 요제프 2세, 그였기 때문이다(덕분에 모차르트는 영화 〈아마데우스〉에서처럼 다회용 관으로 운반되어 공동묘지에 묻히는 바람에, 그가 어디에 매장되었는지 알 수 없게 되었다).

귀족이 아닌 일반인들도 예사로운 방법으로 묻히지 않았다. 빈에 위치한 성미하엘교회 지하에는 엄청난 크기의 카타콤(지하묘지)이 있다. 당시 복장을 그대로 유지한 시민들이 미라가 되어 줄지어 서 있다. 관도 누워 있는 것이 아니라 벽에 기대어 서 있다. 안에는 만삭에 가까운 임산부가 나체로 안치되어 있어 무어라 말할 수 없는 애잔함을 자아낸다. 내가 이 카타콤 투어에 참여했을 때, 마침 참가자가 나밖에 없어서 더 무서웠던 것 같다. 음울한 가이드의 설명을 들으며 한시라도 빨리 밝은 세상으로 돌아가고 싶다고 생각했다.

그런 무시무시한 무덤도 있지만, 일반 묘지는 마치 공원처럼 아름다운 녹지에 둘러싸여 있다. 꽃도 만발해 점심시간에 종종 공동묘지를 산책하기도 했다. 빈의 공동묘지에는 유명인들이 많이 매장되어 있었는데, 내가 살던 아파트 근처에도 말러와 그의 아내 알마의 무덤이 있었다. 부부인데도 무덤이 따로 있고, 묘비도 서로 등을 맞대고 반대쪽을 바라보고 있었다.

'유명인의 무덤' 하면 빈 중앙묘지가 유명하다. 이곳에는 베토벤, 브람스, 슈베르트, 요한 슈트라우스 등 음악사에 찬란한 이름을 남긴 작곡가들의 묘가 모여 있다. 2.4평방킬로미터에 달하는 부지에 일반 시민을 포함해 약 300만 명이 함께 묻혀 있다.

장황하게 썼지만, 빈에 살다 보면 이렇게 죽음과 관련된 장소들을 곳곳에서 만날 수 있다. 그리고 이곳

빈에서는 죽음이 금기시되지 않는다는 것을 느낄 수 있다. 의무관 일을 그만두고 개인적으로 빈을 방문했을 때도, 크리스탈로 유명한 스와로브스키 본점 현관 위에 크리스탈로 만든 거대한 해골을 보고 깜짝 놀랐다. 가게 안에도 주먹 만한 크기의 다양한 색깔 해골 장식품을 팔고 있었다. 다시 한번 '역시 빈은 죽음과 친숙한 도시구나' 하고 생각했다.

오스트리아의 암 진단 고지

일본인 환자들이 편하게 진료를 받을 수 있도록 빈 시내 병원들의 상황을 조사하고, 각 과의 신뢰할 수 있는 전문의들과 교류하며 미리 관계를 맺어둘 필요가 있었다. 그들과 어느 정도 친해지자, 나는 오스트리아의 말기 의료에 관해 궁금한 것들을 물어보았다. 의료 선진국인 오스트리아의 상황도 일본의 그것과 크게 다르지 않았다. 다만 한 가지 다른 점은 환자에게 암 진단을 고지한다는 것이었다.

지금은 일본에서도 암 진단 고지가 일상적으로 이루어지고 있지만, 당시는 암 진단 고지가 금기시되던 시절이었다. 오스트리아 의사들은 모두가 한결같이 이해할 수 없다는 표정을 지으며 다음과 같이 말했다.

"암인지 아닌지 확인하기 위해 검사를 받았는데, 암으로 판명됐을 때 환자에게 알리지 않는다면 검사한 의미가 없지 않습니까?""암 진단을 환자에게 알리지 않는 것은 의사의 의무를 방기하는 것입니다.""암 진단 고지를 하지 않으면, 결국 환자의 불이익으로 이어집니다."

생각해보면, 모두 맞는 말이다. 나는 그들에게 '암은 곧, 죽음이라는 이미지 때문에 충격을 주지 않기 위해 거짓 병명을 대는 것'이라고 말할까도 했지만, 역시나 부끄러워서 차마 입 밖에 내지 못했다. 대신 "암 선고를 받고 비관하여 자살하는 환자는 없나요?"하고 물었다. 그러자 "그렇게 되지 않도록 잘 설명해줍니다"라는 답이 돌아왔다. "진행암으로 완치 가능성이 없을 때도 그렇게 합니까?"라고 묻자, 빈의 의사들은 "물론

입니다"라고 대답했다. 의사와 환자 모두가 사실을 있는 그대로 받아들이는 강인함이 있다는 걸 느꼈다.

결과가 나쁘다고 사실을 알려주지 않으면, '검사를 할 필요가 없다'는 게 합리적인 판단이다. 일본인은 합리성보다 감정을 중시하는 경우가 많다. 오스트리아 의사들과 닌겐도크(우리나라 종합건강검진에 해당한다. 신체계측, 혈액검사, 흉부엑스레이, 소변검사 등의 기본 검사 이외에 각종 내시경, CT, MRI 촬영 등의 정밀 검사가 포함되어 있다)에 관한 대화를 나누면서 나는 그러한 경향을 다시 한번 강하게 느꼈다.

지금은 어떨지 모르겠지만, 내가 빈에 근무했던 시절에는 닌겐도크를 시행할 수 있는 시설이 없었다. 그런데 어느 날 제법 규모가 있는 개인병원의 사무장이 나를 찾아와서 '일본에는 닌겐도크라는 제도가 있다고 들었는데, 어떤 검사를 하는지 알려 달라'고 부탁했다. 오스트리아도 드디어 종합건강검진을 시행하는 건가 싶어서 물어보니, 사무장은 "그건 아니고 오스트리아나 동유럽에 사는 일본인을 위한 코스"라고 만면에 웃음을 띤 채 말했다. "일본인은 정말 고마운 고객이에요. 아픈 곳이 없어도 검사를 받으니까요."

　　서양인들의 상식으로는 어딘가가 아프기 때문에 검진을 받는 것이다. 아픈 곳이 없는데 검사를 받으면 아무 데도 아프지 않다는 결과가 나오는 게 당연하므로, 검사가 소용이 없다는 것이다. 하지만 일본인은 이미 증상이 나타난 뒤에는 적절한 치료 시기를 놓칠 가능성이 높다고 생각한다. 걱정과 불안은 끝이 없고, 아무리 열심히 검진을 받아도 검사하지 않는 장기나 질병도 있기 때문에 백 퍼센트 안심할 수는 없다. 그럼에도 불구하고 건강검진을 하는 사람이 많은 것은 역시 합리성보다는 걱정이라는 감정을 우선하기 때문이리라.

헝가리의 말기 의료

　　빈에서 근무하던 중 부다페스트 일본대사관으로부터 상담 요청이 들어왔다. 참사관(대사의 지휘감독을 받아 외교 교섭 및 기타 임무를 보조하는 외무공무원)의 비서로 일하는 헝가리 여성이 폐암에 걸렸는데, 일본에서 치료받을 수 있게 도와줄 수 있느냐는 것이었다. 참사관은 유능한 비서를 위로하고 돕기 위해 뭐라도 하고 싶었던 모양이다. 그러나 보내온 흉부 엑스레이 사진을 보니 이미 암이 양쪽 폐에 전이된 상태라 일본에서 치료해도 완치가 어려운 상태였다. 전화로 이 사실을 전하자 참사관은 실망한 듯 헝가리의 열악한 의료 실태에 대해 이야기했다. 암이 이미 진행된 환자를 치료도 하지 않고 집으로 돌려보낸다는 것이었다.

"치료할 여지가 없다는 이유로 환자를 포기하고 병원에서 내쫓아버린다니까요. 일본에서는 상상조차 할 수 없는 일이죠." 참사관은 계속 말을 이어갔다. "집으로 돌려보낸 후에는 통증이 있을 때만 의사가 모르핀 주사를 놓으러 간다고 합니다. 그런데 희한하게도 환자는 별 고통 없이 죽는 것 같아요."

그리 이상할 것도 없다. 암은 어느 단계를 넘어서면 부작용이 심한 치료를 하는 것보다 통증 등을 억제하는 대증요법(병의 원인을 찾아 없애기 곤란한 상황에서, 겉으로 나타난 병의 증상에 대응하여 처치하는 방법. 통증이 심한 경우, 진통제나 소염제를, 열이 높을때 해열제를 복용하는 등이 이에 속함)만 하는 것이 환자의 삶의 질을 유지하는 데 더 도움을 주기 때문이다.

당시 헝가리는 민주화된 지 얼마 되지 않아, 의료도 낙후된 상황이었다. 그래서 병원에서도 고도의 암 치료를 할 수 없어서 환자를 집으로 돌려보낸 것이다. 하지만 이것이 오히려 지금 일본에서 주목받고 있는 재택의료와 자택임종, 그 자체가 아닌가.

의료기술이 너무 발전해서 환자에게 괴로운 검사나 치료를 받게 만들고, 그것이 소용없다는 것을 깨달은 후에야 완화치료나 경과관찰(적극적인 치료를 하지 않고 병의 추이를 면밀히 관찰하는 것)을 도입하는 일본의 의료 시스템을, 민주화와 경제 발전이 늦어진 덕분에 헝가리는 진작부터 시행하고 있었던 것이다.

죽음을 쉽게 받아들이는 국민성

　　오스트리아 다음으로 부임한 곳은 적도에 가까운 파푸아뉴기니였다. 호주 북쪽에 있는 거북이 모양 섬의 동쪽 절반. 700여 개의 부족들이 각기 다른 언어를 사용하는, 전 세계에서 손꼽히는 언어 밀집 지역이다. 오스트리아와는 비교할 수 없는 생활 환경이라 가족들은 일단 귀국시켰다. 그리고 상황을 지켜보다가 6개월 만에 파푸아뉴기니로 불러들였다. 내가 부임한 1990년대 중반에는 수도 포트모르즈비에서도 맨발로 다니는 사람이 많았다. 그리고 '라스칼'이라는 갱단이 활개를 쳐 밤에는 외출금지령이 내려지곤 했다. 한밤중에 총소리가 들리는 등 위험한 상황도 많았다. 그러나 사람들의 생활은 의외로 한가로웠다. 파파야 열매를 수확하거나, 한낮부터 아무것도 하지 않은 채 앉아만 있는 사람도 있었다. '부아이'라고 불리는 빈랑나무의 열매(각성 효과가 있으며 석회를 섞어 씹으면 선명한 주황색으로 변한다)를 씹어서 입이 새빨갛게 달아오른 사람도 있었다.

현지 의료 상황을 조사하기 위해 보건부에 문의하니, 차관이 직접 만나주기로 했다. 내 직책이 서기관이었으니, 말도 안 되는 과분한 대우였다. 면담에 응해준 템 차관은 40대의 젊은 의사로, 시드니 소재 대학에서 의학을 전공한 지식인이었다. 그는 태도가 겸손하고 말투도 세련되어 보였다. 파푸아뉴기니의 의료 체계 등을 두루 살핀 후, 이전과 마찬가지로 암 말기 의료에 대해 묻자 템 차관은 희미하게 쓴웃음을 띤 채로 대답했다. "우리나라에서 암으로 사망하는 환자는 그리 많지 않습니다. 주된 사망 원인은 폐렴과 말라리아입니다." 당시 파푸아뉴기니는 평균 수명이 오십 대 후반이었고, 수도에도 병원은 통합병원 하나뿐이었으니 당연히 일본과는 사정이 많이 달랐다.

　　"하지만 암으로 사망하는 사람도 있을 겁니다. 그런 사람들에게는 어떤 치료를 하나요?" 내가 묻자 템 차관은 담담하게 대답했다. "암 진단을 받은 환자는 입원하지 않고 고향 마을로 돌아갑니다. 그곳에서 가족과 함께 인생의 마지막 시간을 보냅니다.""호주나 다른 나라에 가서 치료를 받으려는 사람은 없나요?" "선진국에 가면 선진화된 치료를 받을 수 있다는 것은 누구나 알고 있습니다. TV는 있으니까요. 하지만 외국에서 치료를 받는다는 것은 경제적으로나 절차적으로나 자신의 선택권 밖이라는 것을 모두 알고 있습니다." "하지만 목숨이 걸려 있는데, 선진화된 치료를 받으면 살 가능성이 있지 않습니까?" 그때까지도 나는 치료를 포기하는 판단을 이해할 수 없었다. 그러자 템 차관은 이렇게 말했다. "우리는 비교적 죽음을 쉽게 받아들이는 국민성을 지닌 민족입니다."

그의 대답에 나는 충격을 받아 어안이 벙벙했다. 어떻게 그런 식으로 달관할 수 있을까. 우리는 조금이라도 살릴 수 있는 가능성이 있다면, 그 치료에 전력을 다해 매달리는데 말이다. 시드니에서 의학 교육을 받은 템 차관은 파푸아뉴기니의 의료 시스템이 낙후되어 있다는 것을 잘 알고 있었다. 하지만 그의 답변은 문제를 개선하기보다는 현 상황을 받아들이는 쪽에 초점이 맞춰져 있었다.

발전된 의료가 초래하는 불안감

의료와 의학은 사람들의 질병에 대한 불안을 해소하기 위해 발전하는 것 아닐까? 예멘에서도 느꼈지만, 파푸아뉴기니에서도 현지인들은 일본인보다 훨씬 불안감이 덜한 것처럼 보였다. 현지에 거주하는 일본인들은 위생과 의료 환경에 대한 불안 때문에, 병에 걸리거나, 말라리아 같은 풍토병에 감염되지 않을까 늘 걱정하며 긴장 속에 살았다. 현지인 의사에 대한 불신도 있는 것 같았다. 그들에게 나 같은 일본인 의사는 '같이 있는 것만으로도 안심이 되는 부적' 같은 존재였다. 지금에서야 말하지만, 말라리아 등은 현지 의사들이 나보다 훨씬 더 잘 알고 있었다. 그래서 나는 몰래 현지에서 개업한 호주인이나 중국인 의사를 찾아가서 검사법과 치료법을 배웠다.

일본인이 두려워했던 말라리아도 현지인들은 감기보다 조금 심각한 병 정도로 느끼고 있었다. 물론 사망 위험이 있다는 것은 알고 있지만, 폐렴이나 설사, 파상풍 등으로 죽는 사람이 더 많았다. 질병 외에도 포트 모르즈비에서는 교통사고가, 지방에서는 악어의 습격이나 야자수 나무에서의 낙상 등 여러 가지 위험이 도사리고 있어서 말라리아가 특별한 두려움의 대상은 아닌 것 같았다. 오지 마을에 가보면 혈압 한 번 재본 적 없고, 심전도가 뭔지도 모르며, 암 검진 같은 건 받아본 적도 없는 사람들이 대부분이었다. 그래서 고혈압이나 부정맥을 걱정하거나 암 노이로제에 걸리는 사람도 없었다. 무턱대고 숨을 붙여두는 것도 아니기 때문에 간병이 길어지거나 치매 환자가 장기간 가족들을 힘들게 하는 일도 없는 것 같았다.

　　대부분의 선진국에서는 의료기술과 의학의 발달에도 불구하고 발암물질과 방사능의 위험, 치매와 우울증 등에 대한 걱정이 사람들을 괴롭힌다. 그리고 자신의 건강 상태를 파악해두지 않으면, 나도 모르게 손쓸 수 없는 병에 걸려 고통받을지 모른다는 불안감을 갖고 있다. 건강하게 오래 살고자 하는 사람들의 욕구를 충족시키기 위해 TV와 신문, 잡지에는 온갖 건강법들이

난무하며 '이거 해라, 저건 하지 마라' 식으로 사람들을 휘두르고 있다.

파푸아뉴기니는 현재도 평균 수명이 65세 안팎이니, 그 나라의 생활 환경이 좋다고는 할 수 없다. 하지만 의료가 발전하면 발전할수록 역설적으로 불안감도 함께 커진다는 것은 생각해봐야 할 문제다.

주술사가 아는 죽음의 순간

의료 사각지대인 파푸아뉴기니 지방에서는 '위치닥터witch doctor'라고 불리는 주술사가 현장 의료를 담당하고 있었다. 위치닥터의 치료는 먼저 그 병이 흑마술에 의한 것인지, 아닌지를 구분하는 것부터 시작된다. 흑마술은 널리 보급된 믿음으로, 사람을 저주하여 죽이거나 병에 걸리게 하거나 사랑에 빠지게 하기도 한다. 이렇게 말하면 '미개하다'고 생각할 수도 있겠다. 하지만 누군가 파상풍에 걸렸을 때 그 원인이 파상풍균이라는 것을 모르고 흑마술이라고 단정한다면 미개하다고 할 수 있다. 하지만 그들은 파상풍균의 존재를 알면서도 그렇게 말한다. 즉, 흑마술로 상대를 파상풍균이 있는 곳으로 가게 만들어서 감염됐다는 식이다.

우리도 가끔은 정체를 알 수 없는 무언가에 조종당하는 것처럼 행동할 때가 있다. 프로이트는 그것을 '무의식'이라고 했고, 도킨스는 '이기적 유전자'라고 했으며, 많은 사람들은 '우연'이라고 부른다.

나는 주술의료에도 관심이 생겼다. 그래서 지방에서 활동하는 해외청년협력단 단원에게 부탁하여 위치닥터의 치료를 참관할 기회를 얻었다. 환자는 타박상으로 인한 팔꿈치 통증이 계속 낫지 않는 청년으로, 오지 마을의 최고 위치닥터에게 치료를 받게 되었다. 위치닥터도 여러 계파가 있는데, 닭의 피로 점치거나 불을 이용해서 진단하기도 하지만, 내가 본 위치닥터는 물로 진단하는 방식이었다. 대머리에 흰 수염을 기르고, 황갈색의 피부에는 깊은 주름이 새겨진 위치닥터는 청년의 팔꿈치를 진찰한 후, 조상 대대로 전해 내려왔다는 비누처럼 생긴 나무 조각을 꺼내어 물이 담긴 컵에 얹고 손짓을 하며 물과 대화하고 있었다.

다행히 통증은 흑마술에 의한 것이 아니어서, 고여 있는 나쁜 피를 빼내면 된다고 진단했다. 위치닥터는 청년의 팔꿈치에 입을 갖다 대고 '무무뭇'하고 강렬하게 피부를 빨아들이고 "퉤!"하고 붉은 액체를 뱉어냈다.

주변에 모여 있던 마을 사람들이 "오오오!"하고 소리를 질렀다. 붉은 액체는 아마도 직전까지 입에 머금고 있던 빈랑나무 열매로 인해 침이 착색된 것 같았다. 그런데 자세한 영문은 알 수 없었다. 위치닥터는 청년의 피를 빨아들이기 전에 물로 입을 헹구었기 때문이다.

위치닥터는 내일이면 통증이 사라질 것이라고 말했고, 실제로 청년은 다음 날 아침 통증이 사라졌다고 했다. 만약 걸을 수 없던 사람이 걸을 수 있게 된다면 효과를 쉽게 실감할 수 있겠지만, 통증이 사라졌다는 것은 제삼자가 확인할 수 없으니 진심으로 감탄할 수는 없었다. 가짜이거나 플라시보 효과(효과가 없는 약제를 진짜 약으로 생각하고 섭취하였을 때 환자의 증상이 호전되는 현상)일 가능성이 높지만, 증상이 개선됐다면 환자 입장에서는 불평할 이유가 없다.

내가 본 위치닥터는 다양한 소품과 퍼포먼스로 마을 사람들의 신뢰를 얻었다. 위치닥터에 대한 마을 사람들의 믿음은 현대 의학에 대해 환자들이 느끼는 신뢰 혹은 심리적 매커니즘과 상당히 비슷한 것 같았다. 마을 사람들이 조상 대대로 내려오는 위치닥터의 나무 조각을 믿거나 물의 계시를 고마워하는 것처럼, 환자들이 청진기 진찰을 믿거나 작용 기전도 모르는 채로 백신을 맞고 고마워하는 것이 별반 다르지 않다고 생각했다. 돌아가는 길에 나는 위치닥터에게 물었다.

"당신이 이 동네 최고 의사라고 하던데, 만약 당신이 아프면 누구에게 진찰을 받나요?" "이 동네에는 쓸만한 의사가 없어. 병에 걸리면 죽을 수밖에." "그럼 당신은 자신이 죽을 때를 알 수 있나요?" "그건 알지. 치아가 빠지고, 눈이 안 보이고, 다리가 약해져 걸을 수 없게 되면 그때가 바로 죽을 때야."

얼마나 자연스럽고 당연한 대답인가. 나는 일종의 감동마저 느꼈다. 과연 우리 중 치아가 빠지거나 눈이 보이지 않거나 다리가 약해지면 죽을 때가 됐다고 생각하는 사람이 있을까? 치아가 빠지면 틀니, 백내장이 생기면 인공수정체, 다리가 약해지면 재활치료 등으로 노화와 죽음을 언제까지고 거부하는데, 여기에 근본적인 의문을 가질 필요가 있다는 생각이 들었다.

4

죽음에 대한 공포

사람은 어떤 일에든 익숙해진다

나는 죽음이 별로 두렵지 않다. 죽음을 불길하다거나 재수 없다고 생각하지도 않는다. 이런 말을 하는 내가 신기하고 대단해 보일지도 모르겠지만, 사실이다.

어린 시절엔 죽는 게 무서웠고, 생각만 해도 몸이 절로 움츠러들었다. 가족의 죽음을 떠올리는 것만으로도 견딜 수 없는 공포가 밀려왔다. 텔레비전에서 보도되는 재난이나 사고로 죽는 사람들 소식에도 마음이 아팠다. 그랬던 내가 이렇게 변한 이유는 아마도 의사로 근무하면서 많은 죽음을 보았기 때문인 것 같다. 처음에는 긴장했고 엄숙한 마음가짐으로 임종을 지키며 강한 충격을 받았지만, 여러 차례 환자의 죽음을 경험하면서 점차 긴장감이 줄어들고 죽음이 일상과 동떨어져 있다는 느낌 또한 거의 받지 않게 되었다. 역시 인간은 적응의 동물인가 보다.

죽음에 익숙해지다니, 언어도단 아닌가. 이래서 의사가 환자를 친절하게 대하지 못한다는 비판을 받을 수도 있지만, 다양한 상황에 대응해야 하는 직업의 특성상 죽음에 익숙해지지 않으면 냉정한 판단과 대응을 하지 못해 환자를 위태롭게 할 위험도 있다.

인간의 죽음은 삶에서 일어나는 엄숙하고 중대한 사건임에는 틀림없지만, 나는 자연스러운 것이고, 받아들이기 어려운 것이 아니라고 생각한다. 오히려 죽음을 두려워하거나 싫어하는 사람들은 죽음을 접할 기회가 적어서 거부감을 느끼는 게 아닐까? 사람들이 집에서 죽음을 맞이하던 과거에는 가족의 죽음이 가까이에 있었다. 나이가 많은 순서대로 죽는 것이 아니라 젊은 사람이 생각지도 못한 죽음을 맞이하는 경우도 겪어가면서, 여러 가지 죽음을 배우고 익숙해질 기회가 많았다. 어느 집이든 다 비슷한 상황이었으므로 죽음을 당연한 것으로 여겼을 테고, 받아들이는 기준 또한 낮았다.

세월이 흘러 의료가 발전하고 죽음이 병원 안으로 숨어들면서, 죽음은 정체를 알 수 없는 공포가 되었다. 거기에서 한 걸음 더 나아가 이제 사람들은 삶을 무조건적으로 긍정하고, 죽음을 절대적으로 부정하게 되었다.

물론 삶을 긍정해야 하지만, 무조건적으로 삶의 모든 면을 긍정하는 것이 바람직할까? 현장에서 극한의 고통을 겪는 환자들을 실제로 보살피는 입장에서, 나는 꼭 그렇다고 생각하지 않는다. 같은 고통을 느껴보지 못한 제삼자가 극심한 고통에 시달리는 사람에게 살기를 강요하는 것은 오만 아닐까? '살라'는 격려가 때로는 '죽으라'는 말보다 더 잔인할 때도 있다. 상상해보라. 이제 남은 선택지가 죽음뿐인 경우, 견딜 수 없는 고통만 계속되는 상황에서 그 고통을 겪어본 적도 없는 사람에게 '힘내라' 혹은 '꼭 살아라' 같은 말을 듣는다면 얼마나 괴롭겠는가.

죽음을 끝내 부정하는 건, 태양을 이겨내라는 것만큼이나 허망한 일이다. 인간은 언젠가 죽음을 받아들일 수밖에 없다. 그렇다면 미리미리 준비해놓아야 더 좋은 죽음을 맞이할 수 있다. 그럼에도 '죽음 따위는 생각하고 싶지 않다'고 말하는 사람이 적지 않다. 이는 누구나 마음속 깊은 곳에 죽음에 대한 공포를 가지고 있기 때문이다.

15세 소년의 고민

신문 인생상담 코너에 '죽는 것이 무서운 15세 소년'이라는 제목의 기사가 실렸다. 인간은 죽으면 어떻게 되는지, 죽음에 대한 두려움을 극복하고 한 번뿐인 인생을 마음껏 즐기려면 어떻게 해야 하는지에 대한 상담이었다.

상담자는 존경하는 사람의 자서전을 꼼꼼히 읽고 어떤 삶을 살았는지 배워 충실한 삶을 살면, 죽음에 대해서도 알 수 있을 것이라고 답했다. 물론 삶을 충실히 살고 있는 사람들은 죽음에 대한 공포를 느끼지 못할 수도 있다. 그런데 그중에는 단순히 너무 바빠서 죽음의 공포를 느낄 여유가 없을 뿐인 사람도 있을 것이다. 그런 경우는 죽음의 공포를 극복했다고 할 수 없다. 여유가 생기거나 죽음이 목전에 다가오면 죽음의 공포와 마주할 것이기 때문이다.

죽음을 두려워하는 이유는 자신이 사라지는 것에 대한 두려움, 가족이나 친구와의 이별에 대한 슬픔, 자신이 이루어놓은 업적과 삶의 결과가 지워지는 것에 대한 아쉬움 등 여러 가지가 있지만, 가장 큰 이유는 사후에 어떻게 될지 모른다는 불안감 때문이다. 죽고 나서 어떻게 될지 알고 있다면, 마음의 준비도 할 수 있고 어느 정도 죽음을 받아들일 수도 있을 것이다.

사후세계에 관해서는 크게 '아무것도 없다'파와 '뭔가가 있다'파로 나뉜다. '아무것도 없다'파의 주장은 단순하다. 죽으면 끝이며, 모든 것이 무로 돌아간다는 것이다. 하지만 이것은 살아 있는 자들의 관찰일 뿐이다. 죽은 자의 근거는 제시되지 않았다. 속된 말로 '없다는 걸 증명하기 어렵다'는 것이다. 하지만 이쪽이 개연성은 높지 않을까?

반면 '뭔가가 있다'파는 천국, 지옥, 영혼 불멸, 환생 등 여러 가지 이미지를 부풀리지만, 당연히 어떤 근거도 없다. 무엇인가를 증명하려면 단 한 가지라도 실제 사례를 제시해야 하는데, 현재로서는 그 어떤 사례도 제시된 바 없다. '뭔가가 있다'파의 주장은 죽음에 대한 공포를 해소하는 데는 유용하지만, 실제 그러한 일이 일어날 것이라는 개연성은 확인하기 힘들다.

죽지 못하는 것에 대한 두려움

죽지 않으면 두렵지 않을까? 그렇다는 사람도 있겠지만, 그건 상황이 괜찮을 때의 이미지만을 떠올리기 때문이다. 만약 정말로 죽지 않는 존재가 있다면 어떨까?

첫째, 불사를 떠올리는 사람들은 대부분 노화를 전제하지 않는다. 즉 건강한 상태로 죽지 않고 살아갈 수 있다고 생각한다. 누구나 자연스럽게 늙어간다는 전제에 동의한다면, '죽지 않는다'는 것은 곧 병상에 누워 있는 노인의 숫자만 늘어난다는 이야기다. 백번 양보해서 늙지 않고 영원히 살 수 있다 해도 여러 가지 문제가 남는다. 인류가 늙지도 죽지도 않는 불로불사를 실현한다면, 지구에는 사람이 넘쳐날 게 뻔하다. 집은 물론이고 일자리도 부족할 것이다. 사방이 대혼잡, 도로는 늘 정체, 지하철은 초만원, 식량과 물 부족으로 굶주림과 갈증에 고통스러워하면서도 죽지 못하는 상황이 계속될 것이다.

게다가 불로불사를 추구하는 사람들은 자기 자신만 (혹은 자신과 가까운 사람만) 영원히 살고 다른 사람들은 영원히 살지 못할 것이라는 생각을 갖고 있을지 모르겠다. 지극히 이기적인 발상이다. 설사 나만 영원히 젊게 산다 한들 문제가 해결되는 것은 아니다. 불로불사가 실현된다면, 처음 200년 정도는 즐거울지도 모른다. 하지만 500년이 지나고 1000년이 지나면 사는 게 정말 지겨워질 것이다. 세계의 역사를 살펴보는 것도 TV 프로그램이나 다큐멘터리에서 간략하게 요점만 정리해주기 때문에 재미있는 것이지, 몇백 년 이상 라이브로 봐야 한다면 이야기 진행이 너무 느려서 지겨울 수밖에 없다.

반대로 사후세계가 있다고 생각하면 죽음에 대한 두려움을 덜어내는 데 도움이 될 수 있다. 하지만 이것 역시 문제가 있다. 정말 사후세계가 있다면, 네안데르탈인 같은 사람도 있을 테니 그곳의 인구는 셀 수 없이 많을 것이다. 만나고 싶지 않은 사람과도 만나야 할 것이다. 전혀 모르는 누군가가 나타나 '내가 네 조상'이라며 과거의 가치관에 따라 조상인 자신을 공양하라고 할지도 모른다. 히틀러는 자신이 살육을 명령한 600만 명의 유대인들에게 둘러싸여서 틀림없이 괴로울 것이다. 역시 여기서도 편리하게 자신이 만나고 싶은 사람만 만날 수 있는 사후세계를 가정한다고 쳐도 500년, 1000년이 지나면 그리움 따위는 이미 사라지고 말 것이다. 그래서 만나도 감정이나 대화가 없는 지긋지긋한 나날이 계속될 것 같다.

환생을 상상하는 사람도 있지만, 적어도 지금 내가 누구의 환생인지를 완전히 잊는다는 것은 다음 번에 환생할 때도 지금의 내가 완전히 잊힌다는 것이기 때문에 사라진 것이나 다름없다. 만약 고맙게도 사후세계에 가면 환생한 삶을 기억할 수 있다 하더라도, 다음 생에 태어나면 갓난아기부터 다시 시작해야 하는 것 아닌가. 공부하고 시험 보고 취업하면서 같은 고생을 반복해야 한다. 내 입장에서는 한숨만 나오는 것들이다. 100번 정도 환생하고 나면 이제 됐다고, 그만 사라지게 해달라고 할 것 같다.

종교에서 말하는 천국에서도, 설령 평안으로 충만한 기분이 든다고 해도 그것이 영원히 지속된다면 따분해서 싫증이 나지 않을까? 죽으면 그런 시간의 감각이나 세속적인 생각 등은 모두 사라지고 근심과 걱정 없이 평온하고 안녕한 상태가 된다는 편리한 설정을 믿는 사람이 있다면, (물론 그걸 부정하지는 않겠지만) 그저 부러울 뿐이다.

결국 나는 '뭔가가 있다'파의 주장이 적당히 알맞은 범위에서 상상력을 멈추고 현실적인 두려움을 외면한 채, 죽음의 공포를 비합리적으로 감추려는 자기위안에 불과하다고 생각한다.

그래도 두려운 건 두려운 것

　　자기 편의에 맞게, 혹은 멋대로 상상하여 눈앞의 두려움을 속이는 것이 나름 도움이 될 수도 있지만 그것이 좋은 최후를 맞이할 수 있는 준비가 되지는 못한다. 죽지 않는 것에 대한 두려움을 머리로는 이해한다 하더라도, 죽음에 대한 두려움이 줄어드는 것은 아니다. 죽음의 공포는 논리가 아니라 감정에 기반한 것이기 때문이다. 내 아내의 지인은 죽는 게 견딜 수 없을 정도로 무서워서 건강 정보를 알아보는 것은 좋아하지만, 죽음이나 임종에 관한 이야기는 말만 꺼내도 "무서우니까 그만해!"라며 귀를 막았다. 본인을 포함해서 사람은 누구나 죽는다는 것을 알고 있지만, 그런 생각은 하고 싶지도 않고 죽음을 준비한다는 것은 말도 안 된다고 했다.

　　내가 아는 또 다른 이는 젊었을 때부터 죽는 게 싫어서 남들보다 건강 관리를 열심히 한 사람인데, 고혈압이 심해서 고민이 많았다. 혈압약의 부작용이 무서워서 어떻게든 자연적인 방법으로 혈압을 낮추고 싶은

데, 애쓰면 애쓸수록 혈압이 더 오른다고 했다. 영화관에서 옆자리에 앉은 사람들끼리 나누는 대화에서 우연히 '○○ 덕분에 혈압이 떨어졌다'는 이야기를 들었는데, 그 ○○이 뭔지 궁금해서 영화 내용이 전혀 머릿속에 들어오지 않았다고 했다.

　　그런가 하면 어느 30대 여성(내 딸이다)은 죽음에 대한 공포를 느껴본 적이 없다고 했다. 어렸을 때 '죽으면 어떻게 될까?' 하는 생각에 무서워서 밤잠을 설친 적이 있는지 물었더니 '없다'고 딱 잘라 말했다. 그녀에게 어린 딸 아이가 클 때까지는 절대 죽고 싶지 않을 것 아니냐고 물었더니, 그런 생각은 아무 소용이 없다고 말했다. 부모를 일찍 여의는 아이들도 있으니 설령 자신이 일찍 죽어도 어쩔 수 없다고 답했다. 아직 젊어서 죽음을 실감하지 못하나 싶었는데, 재난이나 교통사고로 자신이나 남편, 혹은 딸이 죽을 수도 있다는 생각을 하지 않는 건 아니라고 했다. 그래서 그러한 상황에 대해 두려움을 느끼지 않느냐고 물었더니, '그건 어쩔 수 없는 것 아니냐'는 답이 돌아왔다. 너무 냉정하다고 해야 하나, 인생 달관의 경지에 이른 사람 같아서 놀랐다.

　　　최근 뇌과학에서 변연계의 편도체 활동이 저하되면 불안과 공포를 잘 느끼지 못하는 뇌가 된다는 것을 발견했다는데, 어쩌면 내 딸은 편도체가 별로 활동하지 않는 타입일지도 모르겠다.

　　　죽음에 대한 공포가 뇌의 활동에 의해 유발되는 것이라면, 편도체가 활성화되기 쉬운 사람은 아무리 논리적으로 설명해도 공포를 억누를 수 없을 것이다. 하지만 그렇다고 그대로 방치하면 단 한 번뿐인 죽음을 후회로 가득 찬 것으로 만들 수도 있다. 서툰 임종을 맞는 사람은 마지막의 마지막 순간까지 죽음을 두려워하고 육체적·정신적으로 고통스러워하느라 다시는 돌아오지 않는 소중한 시간을 허비해버린다. 매우 안타까운 일이고, 가급적 피하고 싶은 일이다.

　　　수많은 죽음과 그들의 가족을 지켜보면서 내가 깨달은 좋은 죽음의 비결은, 한마디로 '죽음을 받아들이는 것'이다. 이것이 어려운 이유는 죽음에 대한 두려움이 우리 안에 굳게 자리잡고 있기 때문이다. 하지만 정말 죽음은 무서운 것일까?

죽음에 대한 두려움은 환상

당연한 이야기지만, 죽으면 아무것도 느끼지 못
한다. (일단, 여기서는 '아무것도 없다'파의 입장에서 이야기하겠
다.) 죽음을 두려워하고 거부하고 고통스러워하던 사람
도 죽으면 모두 무표정이 된다. 표정을 짓는 근육을 움
직이는 힘이 사라지니 당연하다. 임종을 목전에 둔 사
람의 얼굴을 보고 '고통스러워 보인다', '멍해 보인다',
혹은 '평온해 보인다'고 말하는 사람들이 있는데, 그것
은 보는 사람이 그렇게 느끼는 것, 즉 관찰자의 감상일
뿐이다. 누구든 죽으면 완전히 몸에 힘이 빠진 상태의
얼굴이 된다. 만약 그것이 화난 얼굴로 보인다면 원래
화난 것처럼 보이는 얼굴이었다는 뜻이다.

나는 직업상 많은 죽음의 얼굴을 본다. 남편도
없는데 장애가 있는 아이를 혼자 남겨두고 죽을 수 없

다고 절박하게 호소하던 여성도, 이제 겨우 사업을 크게 일궈냈는데 이렇게 죽을 수 없다고 선언한 독단적인 성격의 회사 대표도, 죽는 게 무서워서 어떻게든 도와달라고 매달리던 남성도, 누군가의 내연녀로 살다가 힘들게 눈을 감은 여성도 죽고 난 뒤에는 모두 표정이 사라졌다. 죽은 환자들의 얼굴을 볼 때마다, 죽으면 '완전한 무無'가 찾아온다는 것을 목격했다. 이때 느껴지는 말하기 힘든 어떤 벅찬 감정을 나는 주체할 수 없었다. 기쁨과 즐거움이 사라지는 대신 모든 번뇌, 고뇌, 슬픔, 분노, 절망, 실망, 후회, 낙담, 굴욕, 질투, 원망, 저주, 원한도 일절 느낄 수 없게 된다.

죽음이 두려운 이유는 자신의 존재가 사라지는 것, 사랑하는 사람과의 이별, 두 번 다시 즐거운 추억을 만들 수 없다는 미련 같은 감정 때문이다. 하지만 죽으면 그런 감정을 느끼는 주체가 사라져버리기 때문에 두려움을 느끼려고 해도 느낄 수가 없다. 즉, 죽음을 두려워하는 것은 죽음을 의식하고 있는 '현재의 자신'뿐이다.

아침에 눈을 뜨면 나는 종종 '어젯밤에 잠든 채로 죽어서 오늘 아침에 눈을 뜨지 못했다면, 정말 편안한 죽음이었을 텐데……'라는 생각을 한다. 자다가 죽는다면 죽음은 무서운 것도, 두려운 것도 아니다. 그러다 보니 죽음은 잠에서 깨어나지 못하는 것과 같다는 생각이 들었다. 실제로 숙면을 취하는 사람은 무방비 상태의 '무표정'이다.

여담이지만 나는 아내의 잠든 얼굴을 보면서, '만약 아내가 나보다 먼저 죽는다면 이 얼굴과 이별을 하게 되겠구나' 생각한다. 그렇게 아내를 떠나보내는 연습을 하다보니 사소한 일로 투닥거리는 일상적인 다툼이 어느 순간 사라졌다.

죽음을 단지 깨어나지 않는 잠에 든 것이라고 생각하면, 죽음에 대한 두려움이 누그러지지 않을까? 다시는 가족을 만날 수 없다거나, 삶을 즐길 수 없다는 등 여러 가지 근심과 걱정이 있다. 하지만 잠든 채로 의식이 돌아오지 않으면 모든 것이 사라지고, 사라졌다는 것조차 알아차리지 못한다. 두렵거나 괴로운 이유는 바람직하지 않은 상황을 알고 있기 때문이니까, 알아차리지 못하면 두려움과 괴로움도 없는 것이나 마찬가지다.

죽어서 지옥에 가야 한다면 그곳에 끌려갈까 두려워하는 것도 이해는 되지만, 의식하지 않으면 아무것도 아닌 것이니 두려워할 필요가 없다. 다시 말해 죽음에 대한 공포는 실체가 없는 환상이다.

나는 그렇게 생각하지만, 논리적인 설명만으로는 감정을 억누를 수 없다고 생각하는 사람도 많다. 그렇다면 어떻게 해야 할까?

죽음의 공포, 죽음의 고통

죽음의 공포에서 벗어날 수 있는 방법은 두 가지뿐이다. 첫 번째는 죽음 따위는 생각하지 않는 것. 스페인 여행 중 마드리드에서 투우를 보고 이런 생각을 했다. 소는 왜 작살이나 창에 여러 번 찔려도 투우사를 향해 달려드는 걸까. 소에게 물어볼 수는 없으니 확실하진 않지만, 아마도 소는 자신이 죽는다는 것을 의식하지 못해서일 것이다. 만약 죽음을 의식한다면 작살을 든 상대를 보고 도망갈 테니까. 머릿속에 죽음에 대한 의식이 누락되어 있기 때문에 투우사와 정면으로 맞서다가 죽임을 당하는 것이다. 당연히 소는 죽음에 대한 공포를 느끼지 못한다.

인간도 마찬가지다. 평소 죽음을 의식하지 않기에 사람들은 대부분 죽음에 대한 공포를 느끼지 못한다. 언젠가 죽는다는 것은 알지만, 지금은 죽지 않는다고 생각하니 무의식적으로 '나는 죽지 않는다고 생각하는 것'이다. 당장은 안도감을 보장한다. 경우에 따라서 자다가 심장발작을 일으키거나 트럭에 치여 죽음의 공포를 느낄 새도 없이 생을 마감하기도 한다.

하지만 대부분의 사람들은 죽음을 목전에 두고서야 그때까지 죽음을 전혀 의식하지 않은 채로 살아온 대가를 치른다. 당황하고 고민하며 동요하다가 단 한 번밖에 없는 마지막 순간을 망칠 위험에 처한다.

사람에 따라 조금 힘들 수도 있는 두 번째 방법

은 죽음을 직시하고 최대한 현실적으로 의식하며 죽음의 공포에 익숙해지는 것이다. 앞서, 사람은 어떤 상황에도 곧 익숙해진다고 했다. 두려움과 공포도 마찬가지다. 여러 번 반복해서 떠올리다 보면, 갈수록 공포가 지닌 힘에 무감각해진다. 죽음의 여러 측면을 생각하는 사이에 그리 두려워할 필요가 없음을 깨닫는다. 자신이 환상에 사로잡혀 있었음을 깨닫고 죽음에 대한 두려움도 사라지는 것이다.

　죽음의 본질을 제대로 확인하고 나면, 인생의 마지막 순간을 순순히 받아들이고 생을 잘 마무리할 수 있다. 죽음에 대한 두려움에 눈이 멀어 외면하다가 마지막 순간에 그 대가를 지불할 것인가, 아니면 일찌감치 죽음에 대한 괴로운 생각들을 극복하고 인생을 잘 마무리할 것인가. 당신은 어느 쪽을 택하겠는가.

　'좋은 죽음'의 경우에도 고통이 전혀 없는 것은 아니다. 인간도 생명체이기 때문에 죽기 직전에는 어느 정도 고통을 느끼는 게 당연하다. 죽음을 담담히 받아들였던 나의 아버지도 돌아가시기 직전에는 "죽는 게 이렇게 힘들고 고단할 줄 몰랐다"고 속내를 털어놓았다.

흔히 '언제 죽어도 상관없지만 죽을 때 고통스럽게 죽는 건 싫다'고 말하는 사람들이 있다. 그러나 내 경험에 의하면, 죽을 때 고통이 없었으면 좋겠다고 말하는 사람일수록 마지막이 더 고통스러웠던 것 같다. 왜일까? 고통뿐 아니라 통증이나 가려움증도 마찬가지지만, 불쾌한 상태는 거부하면 할수록 더 심해진다. 반면 받아들여야겠다 마음 먹으면 좀 더 가볍게 느껴진다. '어쩔 수 없구나, 이런 건가 보다' 하고 수용하면 증상도 조금 완화된다.

죽을 때 어느 정도 고통은 있을 거라고 미리 생각해두면 받아들일 수 있다. '대체 왜'라든가 '이럴 리 없잖아'라고 화내지 않는 것이다. 반대로 의외로 견딜 만하다면 '운이 좋은가 보다' 하는 것이다. 고통받고 싶지 않아 도망치고 싶은 마음은 스스로를 나약하게 만든다. 각오가 되어 있는 사람이 더 강한 사람이다.

하지만 지금은 의료기술이 발달하여 임종 직전의 고통을 억제할 수 있는 수단도 마련되어 있다. 의료용 마약이나 강력한 진정제, 혹은 마취제 등이다. 이들 약물은 모두 통증이 심하면 심할수록 필요한 용량도 많아지는데, 경우에 따라서는 치사량을 넘어서는 용량을 투여해야 통증을 없앨 수 있는 경우도 있다. 이럴 때 나는 '생명존중'이니, '죽어도 괜찮은 생명은 없다' 같은 잠꼬대에는 대꾸할 필요가 없다고 생각한다.

　　참고로 죽기 직전의 상태를 '싸울 전'자를 써서 '사전기死戰期'라고 말하는데, 나는 이게 적절한 용어라고 생각하지 않는다. 죽기 직전에는 죽음과 싸우는 대신, 죽음을 받아들이는 편이 본인을 위해 훨씬 더 나은 선택일 테니까 말이다.

5

죽음을
마주한다는 것

임종 지키기, 인간의 도리

임종을 지키는 것을 필수불가결의 중대한 일로 생각하는 사람이 많다. 특히 부모의 임종을 지키는 것은 당연한 의무이며, 자식으로서 마지막 도리를 다하는 것으로 여겨지기도 한다. 하지만 감정적인 측면을 배제하고 현실적으로 그 의미를 생각해보면 어떨까?

예전에 내가 돌보던 유방암 환자 K씨는 임종을 앞두고 입원 수속을 밟았다. 일흔여덟 살의 K씨는 임종 직전까지는 집에 머물고 싶어했지만 병원에서의 임종을 원했기 때문이다. 열흘쯤 지나서, 병원 주치의로부터 K씨가 사망했다는 연락을 받았다. 차트를 읽고 나는 깜짝 놀랐다.

차트에 따르면, 간호사가 오후 8시에 회진을 돌

앉을 때까지도 K씨는 별다른 이상이 없었는데, 오후 10시쯤 갑자기 심정지 상태에 빠졌다고 되어 있었다. 간호사는 즉시 당직 의사에게 연락했고, 당직 의사는 기관 내 삽관, 인공호흡기 연결, 제세동기와 심장 마사지로 심장을 다시 뛰게 했다고 적혀 있었다. 이후 스테로이드와 강심제를 투여했고, K씨는 다음날 오후 8시에 가족들이 지켜보는 가운데 무사히 영면에 들었다고 적혀 있었다.

구체적인 문장은 기억나지 않지만, 심정지로 외롭게 임종할 뻔했던 K씨를 발견하고 소생시켜 가족들이 임종을 지킬 수 있게 해주었다고 짐짓 자랑스럽게 적은 듯한 느낌이었다. 가족들로서는 분명 감사할 만한 일이다. 하지만 돌아가신 K씨 본인은 어땠을까?

일반인들은 심폐소생술이 어떤 것인지 구체적으로 모르는 경우가 많기 때문에, 이 이야기가 미담처럼 받아들여질 수 있다. 하지만 실상을 알고 있는 나로서는 어째서 이렇게 난폭하고 잔인한 짓을 저질렀을까 하는 생각에 경악을 금치 못했다.

먼저 인공호흡을 위한 기관 내 삽관은 후두경이라는 스테인리스 갈고리가 달린 기구를 입에 쑤셔넣고 혀를 밀어낸 후 후두의 울대뼈(목의 정면 중앙에 방패연골이 튀어나온 부분)를 들어올려 검지손가락 길이 정도의 튜브를 입을 통해 기관에 삽입하는 것이다. 의식이 없는 상태에서도 반사적으로 숨이 막히고 사레들리며, 후두를 들어올릴 때 앞니가 마치 지렛대의 받침점과 같은 역할을 해 부러지는 경우가 종종 있다. 그러다 보니 입안이 피투성이가 되는 경우가 비일비재하다. 또 제세동기는 가슴에 전극을 대고 전류를 흘려보내는 것으로, 피부에 종종 화상을 입힌다. 심장 마사지도 본격적으로 하면 갈비뼈나 복장뼈(가슴 앞쪽 정 중앙의 길쭉한 뼈로 갈비뼈와 연결되어 있음)가 골절될 위험이 높은데, K씨처럼 나이가 많고 마른 사람이라면 골절된 부위가 한둘이 아니었을 것으로 짐작된다.

본인의 수명에 따라 조용히 임종을 맞이하던 K씨의 입에 기구를 욱여넣고, 목구멍에 굵은 튜브를 삽입하여 기계로 숨을 쉬게 했다. 또 화상을 입히고, 전기충

격을 가하고, 갈비뼈와 가슴뼈 여기저기가 부러지는 심
장 마사지를 해서 억지로 살려내 가족들이 임종을 지키
도록 하는 것이 과연 사람의 도리에 부합하는지 잘 모
르겠다.

잔인한 심폐소생술의 이유

K씨에게 난폭하고 잔인한 심폐소생술을 한 의사
는 ①아직 경험이 부족한 젊은 의사이거나 ②의료에 대
한 긍정적인 신념만을 가지고 있는 의사, ③나중에 유족
에게 받을 비난이 두려워서 자신을 지키려는 의사 중 하
나일 것이다.

①의 의사는 미숙하기 때문에 심정지 상황에서
반사적으로 (아무 생각없이) 배운 대로 처치한 케이스인
데, 경험을 쌓으면 그런 쓸데없고 잔인한 짓을 하지 않
게 될 것이다. ②의 의사는 의료의 좋은 면만 보고 의료
의 폐해나 모순, 혹은 한계를 외면하는 의사다. 이런 의

사는 적극적인 치료로 어려운 상황에 처한 환자를 살리기도 하지만, 무리한 치료로 환자를 고통스럽게 하거나 오히려 생명을 단축시킬 위험도 있다. 성실하고 순수한 노력형이지만 자신의 과오는 절대 인정하지 않는 타입이다. 곤란한 점은 이런 사람들 가운데 실력이 우수한 의사가 많다는 것이다. ③의 의사가 가장 골치 아픈 경우로, 환자에게 도움이 되지 않는다는 것을 알면서도 일종의 알리바이를 만들기 위해 심폐소생술을 시행하는 의사다. 아무것도 하지 않고 조용히 환자가 사망하도록 하면 간혹 유족들 중 누군가가 "병원에서 아무것도 해주지 않았다" 혹은 "의사에게 버림받았다"는 등의 원망을 들을 수 있다. 이게 무서워서 불필요한 심폐소생술을 하는 것이다. 사실 죽음에 대응하는 의료는 무력하기만 하다. 하지만 대중은 그렇게 생각하지 않기 때문에 의사가 최선을 다하는 시늉을 할 수밖에 없다. 하지만 이것이 환자 본인에게 얼마나 큰 고통을 주는지는 가늠하기 힘들다.

　　죽음을 받아들이고 싶지 않은 마음은 충분히 이

해하지만 어떻게든 임종을 지켜야겠다거나 마지막의 마지막 순간까지 의료진에게 죽음을 늦춰달라고 요청하면, 임종을 앞둔 환자를 차분하게 떠나보내는 것이 매우 힘들어질 수 있다.

"선생님, 늦었어요!"라는 외침

집에서의 임종케어에서도 '임종을 지키는 것'에 대한 마찰은 있다. 재택의료를 시작한 지 얼마 지나지 않아, 나는 췌장암 말기 판정을 받고 집에서 임종을 맞고 싶다면서 퇴원한 60대 여성 W씨를 돌본 적이 있다. 마음을 단단히 먹고 안정된 상태였던 W씨는 자신의 죽음을 담담히 받아들이고 다다미방에 이불을 깔고 누워 평온하게 마지막을 보내고 있었다. 오히려 남편이 더 동요하며 어떻게든 죽음을 미룰 수 없을까, 혹시나 병이 낫지 않을까, 기도하는 마음으로 W씨의 곁을 지켰다. 하지만 남편의 바람과는 반대로 W씨의 병세는 서서히 악화되어, 마침내 혈압마저 떨어지기 시작했다. 결국 의식을 잃고 혼수상태에 빠졌다.

이전부터 나는 W씨 남편에게 죽음에 이르는 과정을 설명해주고 자연스럽게 보내주는 것이 W씨에게 최선이라는 것을 알려주었다. 혈압이 떨어지기 시작한 무렵부터는 매일 방문했고, 임종 직전에는 오전과 오후에, 두 번씩 상태를 체크하러 갔다. 하악호흡을 하게 되면 언제든 연락해달라고 남편에게 일러놓았는데, 그날 오후 9시쯤 전화가 걸려왔다. "아내의 호흡이 이상해졌어요!"라는 남편의 비통한 목소리가 전해졌다.

간호사에게 연락을 하고 달려가니 W씨 집 주변에 차들이 줄지어 서 있었다. 현관부터 모든 방에 불이 켜져 있었다. 거의 동시에 도착한 간호사와 함께 현관 문을 열고 들어가면서 도착을 알렸다. 복도에서 거친 발소리가 들리더니 남편이 나와서 "선생님, 늦었어요!"라고 외치며 그 자리에서 울음을 터뜨렸다. 남편을 지나 W씨가 누워 있는 방으로 향했는데, W씨는 이미 심정지 상태로 이불 위에 누워 있었다. 그녀 주변을 가족과 친척으로 보이는 사람들이 둘러싸고 있었다. 가운 차림의 나를 보고 일동은 길을 열어주었지만, '이제 와서 뭘 어쩌겠다는 거냐'는 분노인지, 원망인지 알 수 없는 무언의 압박이 전해졌다. 의사로서 내가 할 수 있는 일은 아무것도 없었지만, 침대 머리맡에 앉아 펜라이트로 천천히 동공확장을 확인하고, 잠옷 사이로 청진기를 넣어 들릴 리 없는 호흡과 심장 소리에 귀를 기울였다. 모두가 숨죽여 나를 지켜보고 있었다.

　　W씨 남편이 친척들의 부축을 받으며 안방으로 돌아왔다. 나는 시계를 보며 시간을 확인하고 "오후 ○시 ○분. 사망하셨습니다"라고 사망선고를 하고 고개를 숙였다. 사망확인 절차에 시간이 걸렸기 때문인지 남편은 조금 진정된 것 같았고, 다행히 평정심을 잃고 무너지는 일도 없었다.

　　여러 번 말했듯이 죽음 앞에 의료는 무력하기 때문에 실제로 '죽는 순간'에 의사가 그 자리에 있느냐, 없느냐는 거의 의미가 없다. 의사가 곁에 있는 것이 더 안심이 되는 마음은 이해한다. 나도 가능한 한 그렇게 하기 위해 맡은 모든 환자의 가족들에게 하악호흡이 시작되면, 즉시 연락을 달라고 한다. 하지만 제때 도착하지 못할 때가 있다. W씨 남편에게 못할 짓을 한 것 같아 마음이 불편했다. 환자가 살아 있을 때, 임종 시에는 의사가 있든, 없든 상관이 없다는 것까지는 설명해주지 못한 것이 못내 마음에 걸렸다.

마지막 처치, 엔젤케어

환자가 사망하면 이른바 '엔젤케어'라는 사후 처치가 이루어진다(우리나라에서는 이와 유사한 처치를 '염습'이라고 부르며 주로 장례지도사가 담당한다_번역자). 입원 환자가 사망하면 간호사가 모든 것을 다 해주기 때문에 병원에서 근무했을 당시에는 사후 처치에 적극적으로 관여하지는 않았다. 대신 의국에 돌아가서 진료기록카드와 사망진단서를 작성했다. 하지만 재택 임종케어에서는 간호사가 하는 일을 돕지 않을 수 없었다. 유족에게 대야에 뜨거운 물과 버려도 되는 타올류, 쓰레기봉투, 그리고 시신에게 입힐 수의를 준비하게 하고, 환자가 남성이라면 면도기와 세숫대야, 여성이라면 생전에 사용하던 화장품과 빗 등을 준비해달라고 한다. 일부 유족이 사후 처치를 돕고 싶다고 하는 경우도 있지만, W씨의 경우에는 모여 있던 가족들이 모두 다른 방으로 자리를 옮겼다.

이때 함께 있던 여성 간호사는 열정적인 베테랑이었는데, 사후 처치가 능숙하지 못했던 내게 척척 지시를 내렸다. 먼저 고무장갑을 끼고, 링거와 소변줄을 빼고, 기저귀와 잠옷을 벗기고, 더운 물로 깨끗이 목욕을 시켰다. 여성이라 하반신은 간호사가 하고 나는 상반신을 담당했다. 말라비틀어진 몸에 감정이 북받쳤지만, 억누르며 작업에 집중했다. 간호사는 살아 있는 사람을 간병하는 것과 똑같이 정성을 다해 닦아내고 있었다. 앞쪽이 끝나면 몸을 돌려 뒷쪽을 닦고, 끝나면 다시 원래대로 돌려놓았다. 다 씻긴 후에는 입과 코에 수분을 빨아들이지 않는 생면솜을 채워넣었다. 입에 솜을 넣을 때는 구강뿐만 아니라 젓가락을 이용해 인두(혀의 뒷부분부터 식도 사이의 짧은 관)에서 식도 입구까지 채워야 했다. 위액이 역류해 입으로 샐 염려가 있기 때문이다. 솜은 양을 조절하여 좌우 대칭으로, 볼이 자연스럽게 부풀어 오를 수 있도록 넣었다. 반대로 콧구멍에 넣는 솜은 양이 너무 많으면 어색해 보이기 때문에, 옆으로 퍼지지 않도록 주의해야 한다. 사후 경직(사망 후 일정 시간이 지난 다음에 근육이 수축하여 딱딱하게 되는 현상)은 턱부터 시작되므로 입을 벌린 채로 두면 나중에 입을 다물 수 없어진다. 그러니 솜을 채운 후에는 입을 꼭 다물게 해야 한다. 입이 계속 벌어질 경우 붕대로 턱끈처럼 묶어줘야 한다.

깔끔하게 정리가 끝나자 간호사는 W씨 머리를 빗어주었다. 그리고 시간을 들여 파운데이션과 립스틱을 바른 후, 뺨에 살짝 홍조를 띠게 했다. 눈썹과 아이라인을 그려주니, 수척한 얼굴이 또렷하고 생기 넘치는 얼굴이 되었다. 이제 끝인가 싶었는데, 간호사가 하반신을 감싸고 허리를 들어올려 나에게 새 기저귀를 깔아

달라고 지시했다. 그리고는 W씨의 양 다리를 벌리게 한 후, 항문에 손가락을 넣어 대변을 빼내기 시작했다. 말문을 잃은 나에게 간호사가 지시를 이어갔다.

"선생님. 하복부를 꾹 눌러주세요. 남아 있는 변을 모두 빼낼 거니까요." 순간 놀라 어안이 벙벙했지만 베테랑 간호사의 말을 순순히 따랐다. 시신의 복부를 만져보니 부드럽고 얇은 피부를 통해 장의 감촉을 느낄 수 있었다.

"아직 남아 있어요. 더 강하게 눌러요." "이렇게요?" "오른쪽에서 왼쪽으로, 직장에서 밀어내는 느낌으로요." "이 정도면 되겠지요?" 지시대로 필사적으로 누르니 이마에 땀이 송글송글 맺혔다. 대변을 다 꺼낸 후 음부를 깨끗이 씻기고 새 기저귀를 채운 후 마지막으로 준비된 하얀색 수의를 입혔다. 나는 뒷정리를 마친 간호사에게 물어보았다. "이렇게까지 해야 합니까?"

시신의 배를 눌러 변을 빼내는 행위가 너무 끔찍해 보였기 때문이다. 새파랗게 질린 얼굴을 한 나를 보고 간호사는 잠시 생각에 잠긴 듯 멈추었다가 대답했다.

"시신은 가족들이 마지막으로 볼 수 있는 모습입니다. 그래서 화장도 최대한 깨끗하게 해드려요. 그런데 변이 남아 있으면 나중에 나올 수도 있거든요. 이별을 아쉬워하는 순간에 불쾌한 냄새가 나면 안 되잖아요. 그래서 저는 선배 간호사들에게 시신 위에 올라타서 배를 누르라고 배웠어요."

병원에서 근무할 때는 잘 몰랐는데, 간호사가 이런 뒷처리를 하고 있었던 것이다(우리나라에서는 대부분 병원에서 임종을 맞는다. 그리고 바로 시신을 냉동고로 옮겨서 간호사가 저런 업무를 하지 않는다. 장의사가 염습 과정에서 위의 과정을 대신한다). 모든 절차를 마치고 유족을 불러들였을 때, W씨는 깔끔하게 정리된 다다미방의 이부자리에 평안한 모습으로 누워 있었다. 남편을 비롯한 가족과 친척들도 화장한 W씨의 모습을 보고 만족스러워했다. 분명 작별 인사를 충분히 했을 것이다.

간호사에 의해 이루어지는 엔젤케어. 사람들은 시신의 배를 누르고 남은 대변을 빼내는 행위가 진정 '천사의 마지막 돌봄'이라고 생각할까? 아니면 죽음의 민낯을 보여주는 이 원초적인 행위를 애서 미화하려 '엔젤케어'라는 예쁜 말로 은폐하는 것일까? 여러 가지 생각이 들었다.

임종에 대한 오해

사람은 사는 동안 죽음을 몇 번이나 접하게 될까? 일반적으로 부모와 양쪽 조부모의 임종을 모두 지킨다고 하면 총 여섯 번이지만, 그 여섯 번이 모두 가능한 경우는 드물다. 형제자매나 친척의 경우까지 포함해도 많아야 네다섯 번 정도일 게다. 의사처럼 계속 환자의 죽음을 마주하게 된다면 죽음에 익숙해져서 충격도 덜하겠지만, 죽음에 대한 경험이 풍부한 사람은 그리 많지 않을 것이다. 그럼에도 불구하고, 상당히 많은 사람들에게 임종에 대한 이미지는 고정관념처럼 굳어져 다양한 오해가 발생한다.

내가 76세의 췌장암 환자 Y씨의 재택 임종케어

를 했을 때의 일이다. 오랜 항암제 치료로 입원과 퇴원을 반복했지만, 결국 몸 상태가 악화되고 약물의 효과도 점점 감소하여 집에서 임종하기 위해 퇴원한 상태였다. 처음 내가 진찰했을 당시에도 Y씨는 상당히 지쳐 있었기 때문에 투병생활의 고충을 충분히 짐작할 수 있었다. Y씨 부부에게는 슬하에 자식이 없었고 남편이 열심히 아내를 간병하고 있었다. 언제 세상을 떠나도 이상하지 않을 무렵, 순회 진료 중에 Y씨의 남편으로부터 긴박함을 알리는 전화가 걸려왔다. 일정을 변경하고 Y씨 집으로 달려갔다.

방에 들어서자 Y씨는 이미 하악호흡을 시작한 상태였다. 남편은 옆에서 아내를 가만히 지켜보고 있었다. 혈압도 떨어지고 맥박도 거의 만져지지 않는 상황이라 이제 임종을 기다리는 일만 남았다. 나는 간호사와 함께 침대 옆에서 조용히 대기하고 있었는데, 갑자기 현관문이 벌컥 열리더니 세 명의 여성이 허둥지둥 뛰어들어왔다. Y씨의 사촌동생들이었는데, 아침에 연락을 받고 급히 달려왔다고 했다. 침대에서 숨을 헐떡이고 있는

Y씨를 본 세 명의 여성은 저마다 Y씨 쪽으로 몸을 기울이고 제각기 소리쳤다.

"○○야, 정신 똑바로 차려!" "너는 와카야마의 XX야. 알겠어?" "포기하면 안 돼. 힘내." 그때, 옆에서 그 모습을 지켜보던 Y씨의 남편이 그녀의 손을 부드럽게 잡으며 차분한 목소리로 말했다. "이제 그만 힘내도 돼요."

물론 Y씨 사촌동생들은 선의로 그녀를 격려하고 싶었을 것이다. 하지만 여태껏 치료의 고통을 계속 지켜본 남편은 더 이상의 노력이 무의미하다는 걸 뼈저리게 느끼고 있었다. 그래서 더 이상 노력하지 않아도 된다면서 조용히 Y씨의 죽음을 받아들였던 것이다.

간호사와 나는 남편의 말에 깊이 공감했다. 죽음을 받아들이지 말라거나, 끝까지 포기하지 말고 노력하라는 식의 이야기는 참으로 공허한 말이다. 너무 일찍 포기하는 것은 문제가 된다. 하지만 인간은 언젠가 죽는다. 그때가 되면 조용히 받아들이고 평안하게 마지막을 보내는 것이 바람직하다.

임종을 꼭 지키게 해주고
싶었지만

    많은 환자들의 마지막을 돌보면서, 유족에게 임종을 지키게 해주지 못한 것이 못내 아쉬웠던 경험도 있다. 서른 살쯤 외과의사로 근무하던 시절, 48세 여성 환자 I씨의 위절제술을 시술한 적이 있다. 수술 후 경과가 순조로워 식사도 미음에서 멀건 죽까지 진행되었는데, 갑자기 상태가 악화되어 다발성 장기부전이 발생했다. 원인은 알 수 없었고(감염도, 발열도, 문합부 누출도 없었다) 인공호흡기를 착용하는 등 할 수 있는 모든 치료를 시도했지만, 결국 혈압이 떨어지기 시작했다. 형편이 어려웠던 I씨는 중학교 2학년짜리 아들과 둘이서 생활하고 있었다. 나는 그녀의 아들을 한 번도 만난 적이 없었다. I씨의 질환과 수술 후 회복에 관해서는 그녀의 이모와 소통했다.

    I씨의 상태가 위급해지자 I씨의 이모와 아들에게 연락을 취했고, 나는 두 사람이 올 때까지 I씨의 생명을

이어주기 위해 노력했다. 먼저 이모가 도착하여 면회를 한 후 병실 밖에서 기다리도록 했다. 그러던 중 I씨의 심장이 멈췄고, 나는 I씨의 등에 전용보드를 깔고 심장 마사지를 시작했다. 제세동기도 시도했지만 효과가 없었다. 나는 I씨의 아들이 올 때까지 심장 마사지를 계속할 생각으로 I씨의 가슴뼈 아래 부분을 열심히 눌렀다. 당직 아르바이트때 했던 '의식'과 달리, 본격적인 마사지였기 때문에 꽤 강한 힘으로 탄력을 주면서 가슴을 압박했다. 그러자 5분도 지나지 않아 온몸에서 땀이 뻘뻘 흘렀다. 다시 5분 정도 지나자 양팔에 힘이 빠지고 숨이 가빠오기 시작했다. 숙련된 구급대원이라면 괜찮았을지 모르지만, 내겐 견디기 힘든 중노동이었다. 아직 아들이 오지 않았냐고 몇 번이나 물어봤지만, 학교에서 벌써 출발했다는 대답만 돌아올 뿐이었다. 어디까지 왔는지도 알 수 없었다. 어쨌든 아들이 올 때까지는 버텨보려 했지만, 안타깝게도 15분 만에 한계에 부딪혔고 심장 마사지를 중단할 수밖에 없었다.

　　유족인 I씨 이모 앞에서 사망선고를 하고 인공호

흡기, 정맥주사, 심전도계, 소변줄 등을 떼어냈다. 아들은 15분쯤 뒤에 도착했다. 숨도 제대로 쉬지 못할 정도로 서둘렀을 텐데, 어떻게 행동해야 할지 몰라 당황한 기색이 역력했다. 약간 살집이 있고 수줍음이 많은 교복 차림의 소년이었는데, 병실로 들어가 침대 옆에 서서 돌아가신 어머니를 뚫어져라 쳐다보고 있었다. 엉엉 소리 내어 울거나 말을 걸지도 않았다. 다만 잔뜩 찌푸린 눈으로 병실 바닥에 눈물을 뚝뚝 흘리고 있었다. 나는 미안한 마음에 말도 걸지 못하고 그저 고개만 숙이고 있을 수밖에 없었다.

지금도 그 소년에게 어머니의 임종을 지키게 해주지 못한 것이 아쉽기만 하다. 무리한 심장 마사지를 해서라도, 가짜 죽음을 다시 만들어내서라도, 그렇게 하고 싶었던 것은 유족이 아직 어린 소년이었기 때문이다. 하지만 어른에게는 그런 미련이 필요없다고 생각한다. 임종을 지키는 것보다 더 중요한 것을 놓칠 수 있기 때문이다.

임종을 지키는 것보다
중요한 것

이미 짐작하는 것처럼 임종을 지키는 것보다 더 중요한 것은 '보통의 일상'이다. 실제로 죽기 직전에는 보통 혼수상태가 되기 때문에, 환자 본인은 주변에 누가 있는지 알 수 없다. 하악호흡이 진행되면 완전히 의식을 잃기 때문에 주변에서 '고마워', 혹은 '사랑해' 같은 말을 해도 본인에게는 전해지지 않는다. 흔히 '혼수상태가 되어도 청각만큼은 끝까지 남아 있다'고 말하는 사람들이 있는데, 뇌파에 특이적인 변화가 나타나는 것도 아니고 확인할 수 있는 것도 아니기 때문에 그저 유족을 위로하기 위한 말이라고 생각하는 편이 낫다.

'혼수상태가 된 후에도 나의 부름에 틀림없이 고개를 끄덕였다'고 주장하는 사람도 있지만, 그것은 하악호흡을 대답으로 착각하는 경우가 대부분이다. 내 아버지가 임종 전 하악호흡을 할 때도 며느리가 "히로코가 왔어요!"라고 말하자, 그때까지 한 번씩 하던 하악호흡을 연속으로 두 번 하면서 마치 아버지가 대답한 것처럼 보였다. 우연한 생리적 반응이었을 가능성도 있지만, 어쩌면 정말 그때까지 돌봐준 며느리의 도착을 알아차린 것일지도 모른다. 그렇게 생각하고 싶은 마음은 굴뚝같지만, 확인할 수 없는 상황을 자신에게 유리하게 해석하여 도취되는 것 또한 바람직하지 않다. 과학적 근거가 부족하기 때문이다.

무엇보다 죽기 직전의 그 급박한 순간에 필사적으로 말을 건넬 정도라면, 왜 평소 의사소통이 가능했을 때 미리 대화하지 않았을까? 감사한 마음과 애정을 충분히 전해놓았으면, 죽음이라는 생명체에게 있어 최악의 비상 상황에 애써 그 마음을 강조해서 말할 필요는 없지 않을까? 전달되는지, 안 되는지조차 알 수 없는 타이밍에 굳이 마음을 전달하려고 하는 것은 분명 그 전까지 준비가 부족했다는 반증이다. 비꼬는 말처럼 들릴 수 있지만, 의사로서 여러 환자의 임종을 지켜보면서 간혹 이상할 정도로 감정이 격앙된 가족들을 보며 들었던 생각이다.

반대로 앞서 소개한 Y씨의 남편처럼 소중한 가족의 임종을 차분하고 엄숙하게 지켜보는 가족도 많았다. 이러한 차이는 어디에서 오는 것일까? 그것 역시 평소 대응과 마음의 준비 차이일 것이다. 임종의 날은 반드시 찾아오는데도 거부하고, 생각하지 않으려다가 '일상'이라는 귀중한 시간을 대충 보냈기 때문이다. 그래서 그날이 오면 이성을 잃고 혼란스러워하며 깊은 슬픔에 시달리는 것이 아닐까.

본인, 혹은 본인의 소중한 가족이 언젠가는 반드시 죽는다는 것을 받아들이는 게 힘들겠지만, 하루빨리 받아들일수록 '지금'이라는 평온한 날들의 소중함을 깨닫게 된다. 아무 탈 없이 살아가고 있는 일상이 얼마나 감사한지도.

그렇게 평소에 '지금'을 소중히 여기고 사랑하는 가족과 친구들에게 최선을 다한다면, 막상 죽음이라는 위급한 상황이 닥쳐도 당황하지 않고 차분하게 운명을 받아들일 수 있을 것이다.

죽음의 순간을 중시하는 것의
폐해

아무리 그래도 임종의 순간만큼은 떠나는 이의 곁에 있고 싶다는 사람이 있을지 모르겠다. 특히 부모님이나 배우자의 임종만큼은 꼭 지키고 싶다는 사람이 있을 것이다. 하지만 사람의 죽음은 누구도 예측할 수 없다. 어떤 일이 있어도 반드시 임종의 순간을 지키고 싶다면, 화장실 갈 시간은 물론이고 잠시 한눈 팔 틈조차 허용되지 않을 정도로 계속 곁에 붙어 있어야 한다. 하악호흡이 시작되고 이제 '곧'이구나 싶을 때는 잠깐 스마트폰에 눈을 돌리는 그 짧은 순간에 심장의 마지막 박동이 멈출 수도 있다.

하악호흡이 10분 정도로 짧게 끝나는 것이라면 집중력이 유지되지만, 몇 시간에서 경우에 따라서는 꼬박 하루 이상 지속되기도 한다. 임종의 순간을 꼭 지키고자 하는데 하악호흡이 길어지면, 환자와 유족이 서로의 눈치를 보는 상황이 발생하기도 한다. 임종을 지키기 위해 병원이나 환자의 자택으로 달려갔는데, 하악호흡이 길어지면 별로 가깝지 않은 친척들은 점차 슬픔보다는 빨리 임종하기를 기다리는 기색을 보인다. 그럼 임종을 앞둔 환자도 죽음을 재촉당하는 것 같아 차분하게 임종을 맞이할 수 없게 된다.

병원에서 임종을 맞이하는 경우, 앞서 소개한 경우처럼 가족이 임종을 지킬 수 있도록 환자에게 고문에 가까운 심폐소생술을 시행하는 경우가 있다. 이는 임종을 지키는 것을 중시하는 문화의 가장 큰 폐해라고 할 수 있다. 물론 병원도 나쁜 의도로 하는 것이 아니기 때문에 미리 가족들이 '이 환자가 심정지가 되었을 때 무익한 심폐소생술은 필요없다'고 말해놓으면 환자도 편안하게 죽을 가능성이 높아진다. 그럼에도 운이 나빠서 의술을 맹신하는 의사에게 걸리면 '의식'이 아닌 본격적인 심폐소생술을 받을 수 있다.

소중한 사람의 마지막 순간을 지킬 수 있는지 여부는 운이 작용하는 부분이 크다. 때문에 임종을 지킬 수만 있다면 더할 나위 없이 좋겠지만, 지키지 못해도 어쩔 수 없다는 마음의 준비가 필요하다. 그렇지 않으면 임종의 순간을 지키지 못했을 때, 먼 훗날까지 쓸데없는 회한이 남는다.

　내가 아는 지인의 경우 동성의 동거인과 90세가 넘을 때까지 오랜 시간 함께 살다가 집에서 그의 죽음을 준비하던 중, 정말이지 잠깐 자리를 비운 사이에 동거인이 떠나버린 일이 있었다. 그런데 그는 이것을 인생 최대의 실수처럼 후회하고 있다. 나는 어쩔 수 없는 일이고, 함께한 시간 동안 충분히 애정을 쏟았으니 떠난 분도 분명 만족했을 것이라 위로했지만, 마음이 편치 않아 보였다. 아마도 임종을 지킨다는 것을 고정관념처럼 중시해왔기 때문일 것이다.

　물론 임종을 지킬 필요가 없다고 말할 생각은 전혀 없다. 다만 마지막 순간에 함께 있어야 한다는 것에 집착하면 여러 가지 폐해가 따를 수 있다는 것을 알았으면 하는 바람이다.

6

미디어는 불쾌한
사실을 전하지 않는다

거짓말은 아니지만,
불편한 진실은 전하지 않는다

불편한 진실은 아무도 알고 싶어하지 않는다. 그래서 '냄새 나는 것에 뚜껑을 덮는다', '모르는 것이 부처', '안 보면 깨끗하다', '세상 물정 모르는 높은 베개' 등의 일본 속담이 존재하는 것이리라. 미디어에는 기분 좋은 이야기가 넘쳐난다. 장수 사회에 대한 찬사, 의료의 발전, 활기찬 실버 라이프, 유대와 연결, 도움의 손길 등. 하지만 그로 인해 준비를 소홀히 하고, 정작 결정적인 순간이 오면 당황하고 망설이다가 잘못된 선택을 하는 경우가 많은 것에 대해서는 어쩔 수 없다는 식이다.

지금까지 내가 쓴 소설에서도 대체로 사람들이 불편해하는 이야기를 주로 다루었다. 사람들을 불편하게 하려는 것이 아니라, 현장을 잘 아는 사람으로서 꼭 해야 할 이야기라고 생각했기 때문이다. TV나 신문에 희망 가득한 이야기를 전하는 사람도 필요하지만, 그것만으로는 부족하다는 생각이 든다.

비단 나이듦과 죽음에만 해당되는 문제가 아니다. 범죄 보도에서도 미디어는 피해자의 편에 서는 관점을 취한다. 그래서 범인의 악랄한 모습만 보도한다. 범인 측 입장을 대변하는 보도는 찾아보기 힘들다. 범행에 대한 어쩔 수 없는 사정이 있거나 피해자에게도 실수나 잘못이 있는 경우에도 그러한 사정이 보도되는 경우는 거의 없다. 특히 피해자가 많은 경우에는 더욱 그러하다. 좀 오래된 이야기지만, 연합적군(일본의 좌파 테러조직) 사건이나 옴진리교의 범죄에 대해서도 가해자 측의 악한 면 이외의 다른 부분들은 언론에서 다루지 않았다.

거짓말을 하지는 않지만, 언론은 유리한 것만 전달한다. 대중의 공감을 얻어 신뢰를 확보하고, 최종적으로는 그 신뢰를 수익 창출로 이어가는 것이 미디어의 목적이기 때문이다. 세상이 불편한 진실을 알고 싶어하지 않는 것은 말 그대로 불편하기 때문이다. 피해자 측에서는 가해자의 변명 따위는 듣고 싶지 않다. 대신 범인의 악랄함을 널리 알려 권선징악의 결말을 기대하고 있는 편이 낫다고 생각한다. 그래서 언론도 그러한 요구에 맞추어 가해자 측에 부득이한 사정이 있더라도 흐지부지 묻어버린다. 미디어 이용자 입장에서 보도되지 않은 정보는 없는 정보나 마찬가지다. 그렇게 편향된 정보를 전제로 판단하는 것이야말로 위험한 일이 아닐까?

　　노화와 죽음에 대한 주제로 돌아가서 이야기해보면, 기분 좋은 정보만 듣고 방심하는 것만큼 위험한 것도 없다. 불편한 정보라도 알아두는 게 도움이 된다. 또 성숙한 인간이라면 보기 싫고 듣기 싫은 일에도 관심을 갖고 준비를 해야 한다. 유쾌하든 불쾌하든 실제로 일어날 수 있는 일이니까.

'인생 백세시대'의 의미

　　무슨 근거에서인지는 모르겠지만, 최근 들어 일본은 이미 '인생 백세시대'에 접어든 모양이다. 통계상으로는 분명 그렇게 보일 수도 있으나 그 의미를 정확히 이해하고 있는 사람이 얼마나 될까? 내 생각에 '인생 백세시대'의 진짜 의미는 '백세까지 살 수 있다'가 아니라 '백세까지 죽을 수 없다'는 뜻이다. 얼마나 무서운 일인가.

　　고령자를 상대하는 의료 현장에서 일하는 의사로서, 백세 가까이 살면서 비참한 상황을 겪고 있는 환자들을 가까이에서 만나보면 장수가 무조건 좋은 것이 아니고 신중히 생각해봐야 할 문제라고 느낀다. 너무 오래 사는 것은 불운일 뿐이다.

　　언론은 이런 불쾌한 사실을 좀처럼 알려주지 않는다. 오히려 초고령의 나이에도 건강한 노인을 데려다가 이렇게 식욕이 왕성하다느니, 팔굽혀펴기를 할 수 있다느니, 아직도 일하고 있다느니 하면서 노익장을 칭찬

한다. 그런 장면을 보면서 사람들은 감탄하는 한편, 기분이 좋아져 무의식적으로 자신도 저 노인처럼 될 수 있지 않을까 생각한다. 꼭 그렇지는 않더라도, 장수에 대해 긍정적인 인상을 갖게 되는 것 같다.

하지만 그러한 방송은 공정하지 않다. 건강하고 활기찬 모습의 초고령자도 방송에 비춰지는 장면에서는 웃는 얼굴이지만, 실제로는 여기저기 아프거나, 관절이 구부러지지 않거나, 불면증, 변비, 이명, 두통으로 괴로워하며 얼굴을 찡그리고 있을지도 모른다. 소변이 샐까 봐 기저귀를 차고, 심부전, 부정맥, 폐기종, 신장 기능장애, 간 기능장애, 뇌경색이나 심근경색에 대한 전조증상을 겪는 등 나이가 들어 발생하는 다양한 병증에 대한 두려움에 시달리고 있을 것이 분명하다. 하지만 미디어는 그런 이야기를 일절 보도하지 않는다.

신문 인생상담 등의 지면에서도 70세 정도의 독자가 앞으로의 삶에 대한 불안감을 이야기하면 '인생 백세시대니까 힘내라'는 답변이 돌아오는데, 개인적으로 무책임하기 짝이 없다고 생각한다. 비관적인 생각만 떠올리며 우울증에 걸려도 안 될 일이지만, 낙관적인 생각만 하며 준비를 소홀히 하면 정작 늙어서 '이렇게 될 줄 몰랐다', '왜 이렇게 되었을까' 하고 부질없는 후회를 하게 될 것이다.

　　내가 재택의료로 진료했던 92세 여성은 폐기종으로 평소에도 호흡곤란이 심한 분이었는데, 숨을 헐떡이며 어렵사리 이렇게 말한 적이 있다. "선생님, 저, 젊은, 시절, 매일, 아침, 체조를, 하면, 오래, 산다고, 들어서, 매일, 아침, 체조를, 했는데…… 그게, 잘못됐던, 걸까요?" 이와 같이 장수를 바라며 과도하게 건강관리에 힘쓰다 보면 예상치 못한 고통이 닥칠 위험도 있다. 오래 사는 것이 목표라면, 이러한 불쾌한 사실도 염두에 둘 필요가 있다.

'핑핑코로리'를 실천하려면

'핑핑코로리ぴんぴんころり'는 노년까지 팽팽하고 씩씩하게 살아가다가 죽을 때는 덜컥 한순간에 죽음을 맞이한다는 의미의 표어다. 장수촌으로 알려진 나가노현이 이 말의 발상지인데, 요지는 병상에 누워 있는 기간을 단축하자는 것이었다. 즉, 평균수명●과 건강수명(독립적으로 생활할 수 있는 기간)의 차이를 없애자는 운동이다.

'핑핑코로리'가 실현되면 노인 의료비용을 절감하고 간병에 대한 부담도 줄일 수 있다. 내가 소설을 쓸 때, 이 아이디어를 작품에 담기 위해 참고할 만한 책을 몇 권 읽었는데 '건강하게 늙는 비결' 같은 것들만 잔뜩 적혀 있을 뿐, 실제 내가 알고 싶었던 '갑자기 덜컥 죽는 방법'은 어느 책에도 언급되어 있지 않았다. 마치 팽팽하고 씩씩하게 나이 들면 자동적으로 덜컥 죽을 수 있다는 것처럼 쓰여 있었다. 하지만 내게는 편파적이고 비겁한 속임수처럼 느껴졌다.

● 평균수명은 올해 태어난 아기의 추정 여명을 의미하며, 현재 살아 있는 사람의 수명을 평균한 것과는 다른 개념이다.

냉정하게 생각해보면 금방 알 수 있는 사실이지만, 어릴 때부터 건강에 신경을 쓰고 절제하며 살면 내장이 튼튼해서 갑자기 덜컥 죽을 수가 없다. 덜컥 죽는 사람들은 젊어서부터 불규칙한 생활을 해온 사람일 가능성이 높다. 애연가에 매일 술을 마시고, 비만에 스트레스가 많고, 수면 부족에 운동 부족, 혈액 검사에서 이상 수치가 잔뜩 나오는 사람이야말로 심근경색이나 뇌졸중으로 갑자기 죽을 가능성이 높다. 불행히도 갑자기 죽지 못하면, 사지 어딘가가 마비되어 자신의 뜻대로 움직일 수 없는 생활을 억지로 강요받을 테지만.

젊은 시절부터 건강 증진을 위해 노력한 사람은 쉽게 죽지 않는다. 팽팽함과 씩씩함이 길고 지루하게 이어가다가 비틀비틀 기진맥진 되는 것이다. 의료기술의 혜택을 받으면 그야말로 쉽게 죽음이 허락되지 않기 때문에, 죽지 못해 일어나는 여러 가지 노년의 고통을 품은 채로 인생의 말년을 보내게 된다. 그래도 죽는 것보다는 낫다고 생각하는 사람도 있지만, 그렇게 판단하는 것 역시 개인의 자유다.

다만 내가 의료 현장에서 노인들을 접하면서 받은 인상은 죽는 것보다 낫다는 것과 죽는 편이 낫다는 것의 차이가 그다지 크지 않다는 사실이다.

후지 마사하루의 죽음

'핑핑코로리'는 아니지만, 내가 '현인의 죽음'이라고 감탄한 것이 작가 후지 마사하루富士正晴의 죽음이다. 후지 마사하루는 1913년생으로, 젊은 시절에 내가 열정적으로 참여했던 동인지 〈VIKING〉의 창간 멤버이자 아쿠타가와상, 나오키상의 후보에도 여러 번 올랐던 베테랑 작가다. 후지 마사하루는 오사카 이바라키의 대나무숲에 거처를 마련하고 거의 외출하는 일이 없어 '대나무숲의 은둔자'로 불렸다. 게다가 혹독한 군대 생활의 경험 때문에 '그럴듯한 것, 훌륭한 것'을 경계하고 세상에 떠도는 거짓말과 속임수에 대해 엄격한 시선을 가진 사람이었다.

예컨대 〈생명의 존엄에 대하여〉라는 제목의 에세이에서 그는 다음과 같이 쓰기도 했다. '한 인간의 생명은 지구보다 무겁다, 혹은 지구보다 가치가 있다, 혹은 지구와 맞먹는다, 그런 말을 읽거나 들은 기억이 있다. 이것이 인간 생명의 존엄성이란 말인가? 존엄은커녕 인간의 자만심에 지나지 않는 것은 아닐까?'

삶과 죽음에 관해서도, 〈건강한 건 좋지만, 장수하는 건 싫어〉라는 제목의 에세이에서, 건강하게 지내는 것은 괜찮지만, 건강법 따위에 휘둘려 하나하나 실천할 생각은 없다고 했다. '내가 운 나쁘게 오래 살아서 치아가 다 빠지고 하나도 남지 않으면, 잇몸으로 음식을 물고 침을 충분히 내어 음식을 섭취하는 방법으로 먹고 살면 어떨까 생각한다'고 써놓기도 했다.

실제로 후지 마사하루는 치아가 빠져도 틀니를 하지 않았다. 그러나 식사도 거르지 않았고, 술도 마음껏 마시는 삶을 살았다. 내가 후지 마사하루의 집을 처음 방문한 건 그가 세상을 떠나기 4년 전인데, 그때부터 임종 직전까지 정맥주사 등은 필요 없다고 공언할 정도로 진보적인 생각을 가진 분이었다.

　　그가 세상을 떠난 것은 1987년, 74세 생일을 맞이하기 석 달 전쯤이었다. 그의 아내는 입원 중이었기 때문에 그는 혼자 살았고, 근처에 사는 차녀 부부와 〈VIKING〉을 함께 만들던 사람들이 가끔 그의 상태를 보러가곤 했다. 나도 죽기 닷새 전에 후지 마사하루를 찾아갔는데, 그때 본 모습이 내가 본 그의 모습 중에 가장 활기찼다. 그래서 그의 부고를 들었을 때 정말 깜짝 놀랐다. 차녀 부부가 오전에 그의 집을 방문했다가 발견했는데, 그때까지 전혀 병원에 다니지 않았기 때문에 정확한 사인을 알 수가 없었다. 혈액검사는 물론이고 혈압조차 재지 않았기 때문에 그가 어떤 상태였는지 아무도 알 수 없었다. 아마도 급성 심부전이었을 것으로 추정된다. 다행히 경찰과의 시비도 없어 행정 부검도 하지 않았다.

　　장례 장소에 가 보니, 얼마 지나지 않아 도쿄에서 안면이 있던 편집자가 위스키를 들고 찾아왔다. 사망 소식이 전해진 것은 저녁나절이었는데, 그가 생각보다 너무 늦게 도착해서 놀랐다. 그런데 편집자가 더 놀라는 것이었다.

그는 전날 밤 후지 마사하루와 전화 통화 중에 원고 이야기도 할 겸 함께 술을 마시자는 이야기가 나와 위스키를 가져왔다고 했다. 그런데 후지 마사하루는 그대로 잠들어 돌아오지 않는 사람이 되어버린 것이다. 다음 날 술을 마시기로 약속해놓고 잠든 채로 죽는다니. 이렇게 편하고 기분 좋게 죽는 방법이 달리 또 있을까? (잠든 채로 최후를 맞이했는지, 의식이 돌아왔는지는 알 수 없지만, 발견 당시 이불 속이었기 때문에 큰 고통은 없었던 것으로 보인다.)

다음 날 신문에서 일제히 후지 마사하루의 죽음을 대대적으로 보도했다. 하지만 그의 죽음을 애도하는 기사만 있을 뿐, 그의 죽음을 찬미하는 기사는 없었다. 그런 기사를 실으면 곧바로 부도덕하다, 무례하다, 죽음을 긍정하는 것 아니냐는 등 그가 생전에 가장 싫어했던 기만적인 비판이 쇄도했을 것이기 때문이다. 미디어는 정말 비판에 취약하니까.

후지 마사하루가 이렇게 멋진 최후를 맞이할 수 있었던 것은 삶에 집착하지 않았기 때문이라고 생각한다. 그리고 다소 이상한 표현이지만, 병원에 가까이 가지 않은 덕분이다. 지금의 기준으로는 다소 이른 감이 있어 보이지만, 나는 죽기에 더할 나위 없이 적절한 나이였다고 생각한다.

오래 살기 위해 병원에 가면, 경우에 따라서는 병을 고칠 수도 있다. 대신 몇 번이나 병원을 다니고 오랜 시간 대기해서 여러 가지 검사를 받고, 문제를 발견하고, 치료를 위해 다시 병원에 방문해야 한다. 그럼 여기서 벗어나지 못하고, 불안과 걱정, 번거로운 일상이 계속될 위험이 높다. 병원에서 치료를 받아도 때가 되면 죽는다. 애초부터 의료는 죽음에 대해 무력하니까. 그렇다면 자신의 수명을 받아들이고 남은 시간을 마음껏 즐기는 것이 훨씬 마음 편할 것 같다. 나만 그런 것일까?

암, 인기 1위의 사망 원인

죽는 건 어쩔 수 없다 치고, 어떤 죽음을 맞이하는 것이 좋을까? 후지 마사하루처럼 자신도 모르는 사이에 죽는 것이 최선일 수 있지만, 자살 외에는 스스로 죽음의 방식을 선택하기가 쉽지 않다. 예전에 유행처럼 몇몇 주간지에서 '원하는 죽음의 방식'을 설문하여 순위를 매긴 적이 있다. 설문에 참여한 사람들은 모두 '죽음 전문가'라고도 할 수 있는 의사였다. 그런데 어느 설문에서나 1위는 암이 차지했다. 이러한 결과에 의문을 품는 사람이 많을 텐데, 아마 대부분의 의사가 소거법에 의한 선택으로 설문에 답했던 것 같다.

일반적으로 사람들이 생각하는 바람직한 죽음의 이미지 중 하나가 바로 '급사'다. 오랜 투병 기간을 거치지 않고 순식간에 죽으면 죽음의 고통도 덜할 것 같아서다. 구체적으로 덜컥 급사할 가능성이 있는 경우는 심근경색이나 뇌경색, 또는 뇌동맥류 파열에 의한 뇌지주막하출혈● 등이 있다. 모두 발작이 일어난 후 바로 죽는다고 생각하기 쉽지만, 실제로 발작과 동시에 의식을 잃는 것은 아니다.

심근경색이라면 가슴, 뇌경색이나 지주막하출혈이라면 머리에 매우 심한 통증을 느낀다. 목숨을 잃을 정도이기 때문에 통증이 매우 격렬하다고 해도 과언이 아니다(지주막하출혈의 경우, 금속 야구방망이로 머리를 강하게 가격당하는 것 같은 통증이라고 한다). 극심한 고통을 느끼면서, 이렇게 죽는 건가 하고 현실을 의식하게 된다. 통증이 얼마나 오래 지속되는지는 사람에 따라 다르지만, 돌이킬 수 없다는 생각에 등골이 오싹해지고, 깊은 후회와 근심, 두려움과 슬픔이 한꺼번에 밀려들 것 같다. 아무것도 할 수 없는 상태로 저승사자의 손에 질질 끌려가는 것이 바로 '급사'다. 당연히 천천히 인생을 돌아볼 여유는 없다. 마음의 준비를 할 겨를도 없이 허둥지둥 당황한 채로 죽는 것이다. 게다가 돌연사는 갑작스러운 죽음이기 때문에 보통 사후 준비도 미흡하다. 꼭 해두어야 하는 일을 하지 못한 채, 부끄러운 일, 숨겨두고 싶은 일, 애인의 편지, SNS상의 대화, 각종 사이트

● 꽈리처럼 부풀어 있는 뇌동맥이 갑자기 터져서 발생하는 뇌출혈의 일종 (감수자주)

열람 기록 등 사후에 가족에게 보여주고 싶지 않은 것
들도 그대로 남겨지는 것이다.

　　　사람들이 생각하는 또 다른 좋은 죽음의 이미지
는 노쇠사老衰死일 것이다. 충분히 오래 살다가 마지막에
는 잠든 것처럼 죽는 것이다. 왠지 모르게 평안한 이미
지가 있지만, 실제 노쇠로 인한 죽음은 그리 순탄치 않
다. 재택의료에서 노환으로 숨을 거둔 환자들의 임종케
어를 많이 했는데, 노쇠로 인한 죽음은 죽기까지가 정
말 힘들다. 죽기 직전까지 건강하다가 갑자기 쇠약해지
는 것이 아니라, 죽기 훨씬 전부터 전신이 쇠약해져 몸
이 뜻대로 움직이지 않는 불쾌감과 부자유, 불편함, 비
참함을 오랫동안 견뎌내고 나서야 겨우 편안해지는 것
이기 때문이다. 시력도, 청력도 쇠약해져서 보고 듣는
즐거움이 없고, 미각도 떨어져서 맛있는 것을 먹어도 잘
모른다. 오히려 먹으면 심하게 토하기도 하고, 그때마
다 흡인성 폐렴의 위험에 노출된다. 허리, 무릎, 팔꿈치
등 각종 관절통에 시달리고, 병상에 종일 누워 있는 신
세에, 배설과 뒷처리, 음부세정, 구강관리 등을 받아야

하고, 심부전과 근력 저하로 몸을 뜻대로 움직이지 못한다. 호흡 곤란으로 말하는 것조차 힘든 상태가 되지 않는 한 죽을 수도 없는 것이 노쇠사다.

언론에서는 이런 불편한 진실을 거의 알려주지 않는다. 물론 모든 사람이 다 그런 것은 아니고, 그중 일부는 편안하게 숨을 거두는 경우도 있다. 하지만 이상적인 상황만 상상하다 보면 마음의 준비를 하지 못하고, 실제로 노쇠해진다는 것이 이렇게 고통스러울 줄 몰랐다며 때늦은 슬픔에 빠질 위험이 크다.

암으로 죽는다는 것의 효용

치료만 하지 않으면 암은 어느 정도 사망 시기를 예측할 수 있다. 그래서 그 시기에 맞춰 미리 마지막을 준비할 수 있다. 가고 싶은 곳, 만나고 싶은 사람, 먹고 싶은 것, 보고 싶은 것, 듣고 싶은 것, 하고 싶은 것을 즐기고, 신세 진 사람에게 감사함을 표현하고, 폐를 끼친 사람에게 사과하고(죽음을 전제로 한 것이니 대부분 용서받을 수 있을 것이다), 다투고 헤어진 친구와도 화해할 여유가 있다.

과거를 되돌아보며 여러 가지를 추억하고 자기 긍정을 하거나, 쓴웃음을 짓거나, 감사하거나, 스스로를 칭찬해주기도 하며 지나온 인생을 소중히 보듬을 수 있는 시간적 여유도 있다. 이제 남은 건 임종뿐이라 아무런 노력이나 인내도 필요 없이, 마음대로 살 수 있다. 게다가 초고령의 부자유와 불편함, 불쾌함에 직면할 위험도 확실하게 피할 수 있으니, 이보다 더 안심 되는 것도 없다. 이런 사실을 다 아는 의사들이 '죽게 된다면 암으로 죽겠다'고 말하는 것은 어쩌면 당연하다고 할 수 있다. 앞서 언급했듯, 내 아버지가 암 선고를 받고 표정이 확 밝아진 것도 이제 이해할 수 있을 것이다.

암으로 죽을 때 중요한 것은 무리하게 치료하려고 하지 않는 것이다. 예전에 암은 낫거나 죽거나 둘 중 하나였지만, 최근에는 낫지는 않지만 죽지도 않는 상태가 많아지고 있다. 이른바 '암과의 공존'이다.

암을 완치하기 위해 독한 치료를 받다가 부작용으로 고통받거나, 경우에 따라서는 이런 치료가 오히려 생명을 단축시키는 경우도 있다. 과격한 치료가 아닌 적당한 치료로 경과를 지켜보고, 치료 효과보다 부작용이 더 크면 과감히 치료를 중단하는 것. 이것이 암 치료의 핵심이다.

치료를 중단하면 당장 죽는 것 아니냐고 생각할 수도 있다. 하지만 치료를 계속해도, 심지어 암을 근절해도 사람은 죽는다. 죽고 싶지 않다고 생각할 것이 아니라 좋은 죽음을 맞이하고 싶다는 생각으로 발상을 바꾸면 치료를 중단하는 것도 좋은 선택이 될 수 있다.

언제까지나 치료에 집착하다 보면, 얼마 남지 않은 시간을 부작용에 의한 고통으로 낭비할 위험이 높다. 외과의사로서 암 환자를 치료할 때 부작용의 위험과 환자의 고통을 생각하면 치료를 중단하는 것이 환자를 위한 것이라고 생각하면서도, 끝내 환자나 그 가족을 설득하지 못해서 마지막 순간에 이럴 거였다면 차라리 치료를 멈출 걸 그랬다는 탄식을 여러 번 들었다. 장수가 좋다지만, 지나치게 오래 사는 게 결코 바람직한 것은 아니다. 머릿속에 이 사실을 잘 넣어둔다면, 암을 방치한 채 생의 남은 시간을 자기만의 방식으로 충실하게 보내는 선택지도 꼭 나쁘다고 할 수 없다.

하지만 언론은 암으로 죽어가는 것의 장점은 단 한 줄도 전하지 않는다. 암은 인류의 적이고, 암 환자들은 모두 완치되기를 원한다고 단정하기 때문이다. 지금 암을 앓고 있는 환자에게 '암으로 죽는 것도 좋은 면이 있다'고 말하는 것은 잔인한 일이지만, 암에 걸리지 않은 사람에게 암으로 죽는 것의 장점을 미리 알려주는 것은 마음의 준비 측면에서 의미가 있다고 생각한다.

나는 어떻게 죽고 싶은가

누군가 '그럼 당신은 암으로 죽고 싶냐?'고 묻는다면, 나는 바로 '그렇다'고 대답할 수 없다. '암으로 죽는 게 싫으냐?'고 물어도 마찬가지다. 그렇다면 '도대체 어떻게 죽고 싶냐?'고 묻는다면, 그런 건 생각하지 않기로 했다고 답할 것이다.

자신이 어떻게 죽을지, 그것은 자살 외에는 스스로 결정할 수 없다. 스스로 결정할 수 없는 것에 대해 이런저런 희망을 품는 것은 무의미하다. 올 겨울이 따뜻했으면 좋겠다거나 소풍 가는 날 맑았으면 좋겠다고 생각해도, 자연은 전혀 신경 써주지 않는 것처럼 말이다. 즉 이것저것 바라본다 한들 부질없는 일이다. 죽음에 대해 희망이나 순위를 정해도 그것이 뜻대로 이루어진다는 보장은 어디에도 없다.

희망한 대로 이루어지기는커녕, 희망이 오히려 절망의 원인이 되기도 한다. '암으로 천천히 죽고 싶었는데, 갑자기 심근경색으로 죽다니……' 하는 식이다. 애초에 바람직한 죽음을 맞이하지 못하는 사람들이 대부분 사전에 '이것은 싫다, 저것도 싫다, 이렇게 하고 싶다, 저렇게 하고 싶지는 않다'고 생각한다. 고통받고 싶지 않다, 아픈 건 싫다, 주변에 폐 끼치고 싶지 않다, 깨끗하게 죽고 싶다, 갑자기 급사하고 싶다, 모두에게 아낌없이 사랑받으며 죽고 싶다 등등. 죽음은 인간의 의지로 되는 것이 아닌데, 스스로 이것저것 조건을 붙이면 붙일수록 원하는 대로 되지 않는 요소가 늘어날 뿐이다. 그래서 나는 나의 죽음에 대해 가능한 한 희망을 갖지 않으려고 한다.

내가 좋아하는 노자의 《도덕경》 글귀 가운데 '도상무위 이무불위道常無為 而無不為'라는 말이 있다. '아무것도 하지 않는데, 못 하는 것이 없다'는 건 무슨 뜻일까? 거꾸로 생각하면 이해하기 쉽다. 즉, 무언가를 하려 하기 때문에 할 수 없는 게 생긴다는 뜻이다. 죽음에 대해서도 '이건 안 되고 저것도 안 된다'는 생각을 버리고, 죽음을 맞이할 때는 '있는 그대로 받아들이는 것'이 최선이다.

고통스러운 죽음을 맞이하더라도, 그 또한 자신의 죽음이라는 걸 받아들인다면, 적어도 죽기 전에 왜 나만 이렇게 고통스럽게 죽어야 하는지 한탄만 하다가 죽는 것만은 피할 수 있다.

7

암에 대한
세간의 오해

기대여명의 의미

　　나는 내가 언제 죽을지 모른다는 것이 매우 다행스러운 일이라고 생각한다. 만약 죽는 날짜와 시간을 알고 있다면, (그것이 수십 년 후라면 모를까) 10년 정도 남았을 때부터는 해가 바뀔 때마다 계속 신경이 쓰일 것 같다. 조금 더 지나면 달이 바뀔 때마다 몇 년, 몇 개월이 남았는지 계속 헤아릴 게 뻔하다. 그러다가 남은 수명이 채 1년도 남지 않으면 남은 시간이 매일매일 손가락 사이로 흘러내리는 것 같은 두려움에 사로잡힐지도 모른다.

　　암이 완치 불가능한 상태가 되면, 의사가 환자나 가족에게 시한부 선고를 내리는 경우가 있다. 잔인하게 느껴지기도 하지만, 미리 마음의 준비를 하도록 하는 게 환자와 의료진 모두에게 좋은 효과를 가져다주기 때문이다. 하지만 의사가 시한부 선고를 할 때 말하는 기대여명의 의미는 제대로 전해지는 것일까?

친구 어머니가 폐암에 걸렸을 때, 친구가 전화를 걸어와 "의사가 기대여명이 5개월"이라고 했다길래, 기대여명이 6개월이나 3개월 남았다는 말은 자주 듣는데 5개월은 좀 어중간하달까, 드물다는 생각이 들어 '정말 그렇게 말했냐'고 물었다. 그랬더니 "한 달 전에 6개월 남았다고 했다"라고 말했다.

의사는 예언가가 아니다. 당연히 그렇게 정확하게 남은 수명을 예측하는 것도 불가능하다. 그럼에도 불구하고 의사의 설명을 그렇게까지 믿는 환자나 가족들이 있다는 것을 의료진은 알아두면 좋겠다. 실제로 의사와 환자, 환자 가족들의 인식 차이는 상상을 훨씬 뛰어넘는 경우가 많다. 여담이지만 내가 재택의료 클리닉에 있을 때, 젊은 동료 의사가 몸이 안 좋다고 호소하는 암 환자에게 "암이니까요"라고 하면 충격이 클 것 같아서 "○○씨의 병은 악성이기 때문에 그래요"라고 설명했더니, 그 환자가 놀란 듯이 이렇게 말했다고 한다. "암이라는 말은 들었지만, 악성인 줄은 몰랐어요."

각설하고, 원래 의사가 말하는 기대여명은 실제보다 더 짧다. 할 수만 있다면 조금이라도 더 길게 말하는 것이 환자와 가족에게 위로가 될 텐데, 왜 굳이 더 슬프게 만드는 것일까? 그것은 나중을 생각하기 때문이다. 가령 6개월을 살 수 있다고 했다가 4개월 만에 사망하면 유족들이 '6개월 남았다고 했는데……'라며 슬퍼하거나 화를 낸다. 자칫 잘못하면 '의료과실이 있었던 것 아니냐'는 의심을 받을 수도 있다. 그래서 "남은 수명은 3개월 정도입니다"라고 약간의 거북함을 무릅쓰고 말하는 것이다. 그러면 4개월 만에 돌아가셔도 "한 달이나 더 버텨주셨네요"하니 미련이나 의심을 품지 않는다. 오히려 "선생님 덕분입니다!"라고 고마워하기도 한다.

기대여명을 구체적으로 말하면, 여러 가지 문제가 발생하기도 하기 때문에, '기대여명은 3년'이라고 말하는 대신 "기대여명은 연단위입니다"라고 말하기도 한다. 남은 수명이 반 년이나 3개월일 때는 '달 단위', 한 달이 안 되면 '주 단위' 등으로 말한다. 의사도 남은 수명을 정확히 알 수 없기 때문에 애매모호하게 말하는 것이다.

　　하지만 간혹 '이 질병의 평균여명은 ○년 ○개월입니다'와 같이 명확하게 말하는 경우도 있다. 그러면 많은 사람들이 '대략 그 정도 기간에 죽는 사람이 많은가 보다' 하지만, 실제는 그렇지 않다. 이 경우 참고할 수 있는 것은 '중간값'이라고 해서 백 명의 환자를 치료했을 때, 50번째로 사망한 사람의 남은 수명을 말하는 것이다. 치료를 시작하면 빨리 죽는 사람도 있고, 오래 사는 사람도 있다. 같은 질병이어도 환자마다 편차가 크기 때문에, 중간값은 처음에 사망한 사람의 여명과 마지막에 사망한 사람의 여명을 더하여 둘로 나눈 값과는 다른 개념이다.

　　환자 입장에서는 본인의 남은 수명이 얼마나 될지 매우 신경 쓰이겠지만, 통계자료는 해석 방법에 따라서는 왜곡된 결론이 나올 수 있다는 점을 유념해야 한다. 그래서 이를 맹신해서는 안 된다. 통계에 기반한 자료가 제시하는 그대로, 누구에게나 딱 들어맞을 것이라는 보장은 어디에도 없다. 95퍼센트가 안전한 수술이라도 20명 중 한 명은 목숨을 잃을 위험이 있고, 불행히도 사망한 그 한 명이 나나 나의 가족이 될 경우에는 데이터가 전혀 무의미해지는 것이다. 결국 의사에게 기대여명을 고지받았다고 하더라도, 크게 신경쓰지 않는 것이 좋다. 신경을 쓴다고 남은 수명이 늘어나는 것도 아니니까.

새로운 전략, 암과의 공존

암에 걸리면, 보통은 완치 여부가 가장 큰 관심사일 것이다. 전이나 재발이 발견되어 완치 판결이 물 건너가는 순간, 그것은 이미 사망선고나 다름없다고 생각하는 사람들이 많다. 실제로 예전에 암은 완치되거나 죽거나 둘 중 하나였다. 하지만 이제는 완치되지 않더라도 죽지 않는 상황도 가능해졌다. 또 다른 선택지는 앞서 이야기한 '암과의 공존'이다.

암이 사람의 생명을 앗아가는 것은 생명 유지에 필요한 장기(폐, 간, 뇌)에 전이되어 그 기능을 망가뜨리거나 전신으로 전이되어 체력과 면역력이 떨어지기 때문이다. 따라서 체력만 따라준다면, 생명유지와 무관한 장기, 예를 들어 뼈나 복막에 전이되어도 죽지는 않는다. 뼈의 경우, 통증이 있긴 하지만 말이다.

그래서 암과의 공존에서는 암세포를 전멸시키는 것이 아니라 환자의 목숨을 앗아가지 않는 범위라면, 전이가 있더라도 상태를 지켜보자는 전략을 취한다. 환자 입장에서 속 시원한 상황은 아니지만, 무엇이든 도가 지나친 것은 안 하느니만 못하다. 예전에는 암을 철저하게 없애려다보니, 심각한 부작용이 나타나고 오히려 병세가 더 나빠지기도 했다.

암과의 공존은 종양내과, 즉 항암제나 면역요법 등의 화학 요법을 시행하는 과에서 담당한다. 예전에는 먼저 외과수술이 이루어지고, 수술로 암을 완전히 제거하면 완치, 제거하지 못하거나 재발하면 치료 실패, 그리고 남은 것은 죽음뿐이라고 생각했다. 환자의 목숨을 살리는 것이 목적인 외과의사의 입장에서 보면, 종양내과는 치료할 수 없는 환자를 받는 과, 다시 말해 패전처리 담당으로 여겨졌다.

하지만 지금은 치료법의 발전으로 암과의 공존이라는 새로운 전략이 가능해졌다. 암이 무서운 이유는 '죽는 병'이기 때문이지, 죽지 않는다면 다른 만성질환과 다를 게 없다. 물론 영원히 죽지 않는 것이 아니라 언젠가는 최후를 맞이하는데, 그것은 암이 아니더라도 마찬가지다. 그러므로 암에 걸려 완치가 불가능하다는 것을 알았다고 해서, 절망할 필요는 없다. 남은 시간을 의미있게 보낼 수 있는 방법은 얼마든지 있으니까(이렇게 썼지만, 나는 이런 식의 격려를 별로 좋아하지 않는다. 말로 내뱉기는 쉽지만, 실제로는 엄청난 정신력이 필요하기 때문이다. 암에 걸리고 나서 당황하지 않기 위해서라도 올바른 정보를 알고 마음의 준비를 해두는 것이 중요하다).

암 완치 판정에 대한 오해

그럼에도 완치되고 싶은 것이 사람 마음이다. 누구나 암에 대한 불안감에서 해방되고 싶고, 그러기 위해서 암세포를 완전히 없애고 싶은 게 당연하다. 하지만 병원에서 치료를 받아도, 암이 완치되었는지 여부는 판단할 수 없다. 왜냐하면 세포 수준에서 암이 존재할 가능성이 있기 때문이다. 그래서 암 수술 후 "수술은 성공적이었습니다. 암을 모두 제거했습니다"라는 외과의사의 말은 완전히 신뢰할 만하다고 할 수 없다. 정말로 암이 모두 제거되었는지 여부는 5년 후나 10년 후까지 경과를 지켜보며 재발이 없는지 확인하지 않으면 알 수 없기 때문이다.

암의 완치 여부를 판단할 때 '5년 생존율'이라는 용어가 사용된다. 암 진단을 받거나 치료를 시작하고 5년이 지난 후에도 생존해 있는 사람의 비율을 가리키는 용어다. 유방암이나 갑상선암은 5년 후에도 재발하는 사람이 많기 때문에 '10년 생존율'이 사용된다. 완치의 기준처럼 취급되는 경우가 많지만, 반드시 완치되었다는 의미는 아니고 단순히 5년, 혹은 10년 후에도 생존해 있는 비율일 뿐이다.

내가 대학병원 수련의로 근무했던 때, 수술 후 5년이 다 되어가는데 암이 전신으로 전이되어 죽음이 얼마 남지 않은 환자를 맡은 적이 있다. 그런데 지도교수가 그 환자를 '수술 후 5년'까지 살려두기 위해 어떻게든 노력하는 모습을 보고 엄청난 환멸을 느꼈다. 지도교수는 새로운 치료법에 대한 논문을 쓰고 있었는데, 그 환자를 '5년 생존' 카테고리에 넣으려 했다. 그러면 새로운 치료법에 대한 5년 생존율이 더 높아져 치료 효과를 인정받는 상황이었다. 이러한 조작으로 치료 효과가 입증된다 한들, 환자를 기만하는 것이나 다름없었다.

정말 나았는지 아닌지를 가늠할 수 있는 척도는 '전체 생존기간', '무재발 생존기간', '무진행 생존기간' 등이 사용된다. 전체 생존기간은 생사만을 척도로 삼은 지표다. 무재발 생존 기간은 치료 후 재발이 확인되지 않은 환자를 대상으로 한다. 무진행 생존기간은 재발했더라도 병세가 악화되지 않은 상태로 생존할 수 있는 기간을 말한다. 하지만 무재발 생존기간이라고 해도 세포 단위의 재발을 진단할 수는 없기 때문에, 정말 재발이 없는지는 확인할 수 없다. 또 무진행 생존기간이라도 전이된 종양이 천천히 커지는 경우 등에는 악화가 있는지, 없는지 판단하기 애매할 수도 있다.

환자가 가장 궁금해하는 것, 즉 완치 여부는 전문가도 단언할 수 없다. 걱정하는 마음은 이해하지만, 지금 당장 죽는 것이 아니기 때문에 보다 소중한 '현재'에 마음을 집중하여 마지막이 다가왔을 때 후회하지 않도록 살아가는 것이 중요하다.

일본에서 암 진단 고지가
가능하게 된 이유

일본에서 암 진단 고지가 이루어지게 된 것은 1990년대 이후의 일이다. 가족에게는 병명을 알려도 본인에게는 숨기는 것이 관행이었다. 내가 외무성에서 일하기 전에 '죽음의 임상연구회'라는 단체에서 보다 나은 암 말기 환자 케어를 위한 방법을 모색하고 있었는데, 당시만 해도 암을 고지하는 것이 매우 힘든 일이었다. 왜냐하면, 일단 암을 알리고 나면 환자가 우울증에 걸리거나 자살할 정도로 침울한 상태에 빠져도 되돌릴 방법이 없었기 때문이다.

암 진단 고지와 관련해서 나도 뼈 아픈 경험을 한 적이 있다. 30대의 젊은 위암 환자에게 "위궤양입니다"라고 이야기했다. 이어서 수술을 불안해하는 환자 아내에게 "괜찮아요, 남편분은 초기라서 수술 후 항암제도 필요없어요"라고 말했다. 그랬더니 충격으로 한순간에 아내 안색이 바뀌었다. 나중에 환자 어머니에게 물어보니, 환자뿐만 아니라 그의 아내에게도 암이라는 사실을 숨기고 있었다고 했다. 내가 '항암제'라고 말했기 때문에, 남편이 암이라는 걸 알고 집에 가서 펑펑 울었다고 한다. 설마 아내에게도 숨기고 있을 거라고는 생각지 못했던 나의 실수였다.

이런 상황을 바꾼 것은 유명인들의 '암 커밍아웃'이었다. 배우 테츠야 와타리는 대장암에 걸렸다는 사실을 공개하고 무사히 수술을 마쳤다. 골프선수 스기하라 테루오도 전립선암에 걸렸음을 공개하고, 선수 생활을 이어가기 위해 수술을 받지 않고 방사선 치료를 선택했다고 밝혔다. 그 외에도 유명 만담가 타테카와 단시, 만화가 아카츠카 후지오도 식도암을 공개하고 수술을 받은 후 무사히 복귀했다. 그러면서 자연스럽게 암에 걸려도 죽지 않는다는 인식이 세간에 퍼져나갔다. 그때까지 암 진단 고지가 어려웠던 것은 '암=죽음'이라는 인식이 널리 퍼져 있었기 때문이다.

반대로 인기 아나운서 이츠미 마사타카가 위암 치료를 받다가 사망했는데, 그 과정이 알려지면서 암 치료가 오히려 무서운 결과를 가져올 수도 있다는 걸 모두가 알게 되었다. 이미 위암 말기까지 진행되어 재발이 뻔히 보이는데도 큰 수술을 받아 사망 시기를 앞당겼을 가능성이 높았다. 알려지지 않은 누군가의 죽음은 별다른 영향을 미치지 않지만, 유명인의 죽음은 강한 인상을 남기는 법이다.

오해를 불러일으키는
암 용어

    암을 둘러싼 오해는 아직도 많이 남아 있다. 예를 들어, '조기암'이라고 하면 생긴 지 얼마 되지 않은 암이라고 생각하는 사람이 많다. 조기암의 정의는 위암의 경우 '암의 침윤(악성종양이 번져 인접한 조직이나 세포로 침입한 것)이 점막하층까지 도달한 암'을 말한다. 위벽은 안쪽부터 점막층, 점막하층, 근육층, 장막층 등으로 이루어져 있는데, 암은 점막으로부터 발생하여 바깥쪽으로 진행되기 때문에 근육층까지 도달하지 않은 상태를 '조기암'이라고 부른다. 그 이유는 근육층까지 암이 진행되면, 이곳의 풍부한 혈류를 타고 암이 멀리 떨어진 기관까지 전이를 일으키기 쉽기 때문이다. 즉, 암이 언제 생겼는가 하는 것과는 전혀 관련이 없다. 진행이 느린 암이라면 생긴 지 10년이 지나도 '조기암'이고, 반대로 악성도가 높은 암이라면 생긴 지 3개월 만에도 '진행암'이 된다.

암의 '재발'도 또다시 암이 생겼다는 인상을 줄 수 있지만, 사실 그렇지 않을 수도 있다. 암은 '재발'하는 것이 아니라 원래 있던 것이 진단할 수 있는 크기로 커졌다는 뜻이다. 앞서 언급했듯, 아무리 수술로 암을 절제해도 세포 수준에 남아 있는 암은 보이지 않는다. 그것이 커져서 보이게 되면 '재발했다'고 말하지만, 엄밀히 말해 다시 암이 발생한 것은 아니다.

지금은 엑스레이 검사, CT 스캔, 초음파 진단에서도 분석도가 높아졌기 때문에 예전보다는 작은 전이도 발견할 수 있게 되었지만, 그래도 5밀리미터 이하는 진단이 쉽지 않다.• 그런 작은 전이라면 목숨에 지장을 주는 정도가 아니기 때문에 걱정할 필요는 없다. 하지만 환자 입장에서는 불안할 수밖에 없다. 그래서 완치를 바라며 강력한 항암제나 방사선 치료를 하면, 부작용으로 오히려 수명이 줄어드는 사례가 지금까지 무수

• CT상 의심되는 병변은 2~3밀리미터에서도 발견은 가능하다

히 반복되어 왔다. 의사가 중단하는 것이 좋다고 하는데도 막무가내로 치료를 원하는 환자가 많았기 때문이다. 암과의 공존이라는 전략에서 바라보면, 작은 전이가 있더라도 허용할 수 있다는 마음가짐이 중요하다.

암 검진도 후생노동성(대한민국의 보건복지부, 고용노동부, 여성가족부, 국가보훈부와 비슷한 역할을 수행하는 행정조직)이나 의사협회에서 적극 권장하기 때문에 당연히 받아야 하는 것처럼 생각하는 사람이 많지만, 다른 의료와 마찬가지로 암 검진에도 장단점이 있다. 장점은 검진을 통해 암을 조기에 발견하고 치료로 목숨을 살릴 수 있다는 것이다. 언뜻 보면 큰일처럼 보이지만, 그 사람이 검진을 받지 않는다고 해서 반드시 죽는다고 단정할 수 있는 것은 아니다. 증상이 나타난 후에 치료해도 완치 가능한 경우도 있기 때문이다. 또는 치료가 필요 없는 암일 수도 있다. 이른바 '유사암'이다.

실제로 한국에서는 2000년경부터 초음파 진단을 통한 갑상선암 검진이 보편화되면서 갑상선암 환자의 수가 급증했다. 그래서 수술 건수도 비약적으로 늘어났지만, 갑상선암 사망률은 낮아지지 않았다고 한다. 즉, 수술하지 않아도 되는 암을 수술한 것뿐이다.

　　암 검진의 단점은 암이 의심된다는 진단을 받은 후 정밀검사를 받기까지 시간과 돈을 낭비하고 쓸데없는 불안감에 시달린다는 점도 있지만, 무엇보다도 큰 단점은 검사 피폭에 의한 암 발생이다. 일본은 검사 피폭에 의한 암 발생이 전 세계에서 압도적으로 많은 나라다. 유럽과 미국은 검사 피폭으로 인한 발암이 전체 암 환자의 1퍼센트 내외인 반면, 일본은 3퍼센트에 달한다. 즉, 일본 암 환자 약 30명 중 1명은 검사 피폭으로 암에 걸렸다는 뜻이다. 한 명이라도 더 조기에 발견해 살리려고 암 검진을 하는 것인데, 오히려 검진 때문에 암에 걸리는 환자가 발생한다면 검진을 중단해야 한다고도 할 수 있다.

부정하기 힘든
'유사암 이론'

'유사암 이론'은 게이오대학교 의과대학 방사선과 전임강사였던 곤도 마코토가 1995년부터 월간지 〈문예춘추〉에 연재하고 이듬해 단행본으로 출간해 베스트셀러가 된 《환자여, 암과 싸우지 마라》에서 제창한 가설이다. 암에는 생명을 위협하는 '진짜 암'과 방치해도 생명을 위협하지 않는 '가짜 암'이 있다는 주장이다.

충격적인 것은 지금까지 외과 의사가 수술로 치료한 암은 모두 '유사암'이었기 때문에 수술을 하지 않아도 환자는 죽지 않았을 것이라는 지적이다. 이에 일본 외과의사들이 일제히 분노했다. 당연하다. 자신이 살렸다고 믿었던 환자에게 불필요한 수술을 했다는 말이나 마찬가지니까. 외과의사들은 그런 말도 안 되는 이론이 어디에 있느냐, 암 환자는 수술을 하지 않았다면 반드시 죽었을 것이라고 반박하고 싶었을 것이다. 그러나 이 반론은 성립되지 않았다. 왜냐하면 이미 수술이 이루어졌기 때문에, 수술을 하지 않았으면 죽었을 것이라는 증거를 제시할 수 없었다. 다시 말해 수술을 하지 않았더라도 생존했을 것이라고 단정할 수는 없지만, 죽었을 것이라고도 단정할 수 없었다. 이 황당무계한 '유사암 이론'이 5대 5 무승부로 결론 난 것이다.

곤도 마코토의 책을 읽어보면, '유사암 이론'이 논리적 바탕 위에 매우 잘 짜여진 가설이라는 것을 알 수 있다. 암은 원래 정상 세포가 돌연변이를 일으킨 하나의 암세포에서 시작된다. 그것이 두 개, 네 개, 여덟 개로 유사분열을 거치며 점차 커져 종양이 된다. 물론 처음에는 영상진단이나 내시경으로도 발견되지 않는다. 진단이 가능하려면 종양의 크기가 최소 5밀리미터 이상으로 커져야 한다. 그 정도 크기의 암에는 억 단위의 세포가 포함되어 있기 때문에, 세포 한 개에서 시작된 암이 그 크기까지 도달하는 데는 상당한 시간이 걸린다.

만약 그 암세포가 전이할 수 있는 능력을 가진 '진짜' 암세포라면, 관찰 가능한 정도로 커질 때쯤이면 이미 전이가 진행되어 있을 것이라는 뜻이다. 진단을 받을 때까지 조용히 있던 암세포가 커진 후에 갑자기 전이될 가능성은 거의 없다. 따라서 아무리 조기 암 단계에서 발견되었더라도 '진짜 암'이라면 이미 세포 수준에서 여기저기 전이되었을 것이기 때문에 부작용이 있는 치료는 소용없다는 뜻이다. 반면, '유사암'의 암세포는 전이 능력이 없기 때문에 커져도 통과 장애 등의 문제를 일으키지 않는 한 치료할 필요가 없다는 말이다. 다시 말해 암은 '진짜 암'이든, '유사암'이든 부작용을 동반하는 치료가 필요 없다는 것이다. 이른바 암의 '방치요법'이다.

　　곤도 마코토의 이론에 대해 수많은 비판이 있었다. 검진이나 치료를 하면 살릴 수 있는 목숨을 허무하게 죽게 할 위험이 있기 때문이다. 최근에는 표적치료제(암이 발생하는데 핵심적인 역할을 하는 것으로 알려진 특정 유전자나 단백질, 신호전달경로를 표적으로 하는 약물), 니볼루맙 같은 면역치료제(신체의 면역계를 활성화시켜 암 세포를 공격하도록 도움을 주는 항암제) 등의 효과적인 치료법이 속속 개발되고 있고, 실제 치료에 의한 수명 연장 효과가 널리 인정받고 있는 것도 비판의 한 이유가 되고 있다.

하지만 유사암 이론은 원래 불필요한 검사나 과도한 치료에 대한 반론에서 시작된 이론이다. 어찌됐든 검진이나 치료는 받는 것이 낫다는 주장과 무의미한 검진이나 치료는 하지 않는 것이 오히려 몸에 좋다는 주장 중 과연 어느 쪽을 택해야 할까? 암에 대해서는 아직도 밝혀지지 않은 부분이 많기 때문에 어느 쪽도 결정적인 근거를 제시하지 못하고 있다.

암 진단은 인상 판단?

애초에 '유사암 가설'이 성립된 배경에는 암의 진단법이 있다. 암의 진단은 엑스레이 검사나 초음파 검사, 내시경 검사 등으로 이뤄진다고 생각하는 사람이 많지만, 이는 암을 발견하는 계기가 될 뿐 최종적인 진단(확정 진단)은 아니다. 확정 진단은 생검(종양의 일부를 채취하는 것), 자궁경부 세포 검사(자궁경부암 검사에서 작은 면봉을 이용하여 자궁경부 표면의 세포를 채취하는 것), 또는 객

담이나 분비물을 채취하여 현미경으로 암세포가 포함되어 있는지 여부를 살펴보고 판단한다. 이를 병리진단이라고 한다.

암세포는 정상 세포와 달리 모양이 삐뚤빼뚤하거나, 크기가 비정상적으로 크거나, 핵이 비대해져 있다. 이러한 특징을 모두 갖추고 있으면 암세포라고 판단할 수 있다. 하지만 모양과 크기는 정상이지만 핵만 비대하거나, 크기와 핵은 정상이지만 모양만 삐뚠 경우도 있어서 병리과 의사가 판단에 어려움을 겪는 경우도 있다. 그래서 위암이나 대장암에서는 '그룹 판정'이라는 것이 도입되어 다음과 같이 구분하고 있다.

> 그룹 1: 정상 조직 및 종양이 아닌 병변
> 그룹 2: 종양인지 아닌지 판단하기 어려운 병변
> 그룹 3: 선종(폴립=양성 종양)
> 그룹 4: 종양 중 암이 의심되는 병변 (고도 이형성)
> 그룹 5: 암(악성 종양)

즉, 병리과 의사는 세포의 '얼굴'을 보고 암 여부를 판단하는 것이다. 실제로 병리과 의사는 세포를 보고 '얼굴이 흉악하다'라는 식으로 이야기한다. 그러나 진행 속도나 전이 여부는 DNA의 변이에 따라 달라지기 때문에 현미경으로는 구분할 수 없다. 그 종양이 암으로 진단 되면, 수술로 절제(체포하여 처형)해야 한다. 그래서 얼굴은 흉악하지만 살인을 저지르지 않는 종양(앞서 말한 '유사암')도 절제되었다는 것이 '유사암 이론'이다.

앞으로 DNA의 어느 유전자 돌연변이가 전이를 일으키는지 알게 되면, '진짜 암'과 '유사암'을 판별하게 될 가능성이 높다. 나아가 암의 악성도나 발원 장기별로 세분화되어 각각의 병명이 지어질지도 모른다. 그렇게 되면 미래의 의사들이 "21세기에는 뭐든지 '암'이라는 대강 지은 병명을 사용했다더라" 하고 비웃을지도 모르겠다.

금기의 질문

여기서는 내가 오랫동안 품고 있던 위험한 질문을 던져보려 한다. 그것은 생검에 의한 전이의 위험성이다. 암의 전이는 크게 '혈행성 전이', '림프행성 전이', '파종성 전이', '이식성 전이'로 나뉜다. 혈행성 전이는 암세포가 혈류를 타고 퍼지는 전이, 림프행성 전이는 림프관을 통해 퍼지는 전이, 파종성 전이는 암에서 유출된 세포가 복막이나 흉막에 씨앗을 뿌린 것처럼 퍼지는 전이, 침윤성 전이는 암세포가 인접한 조직이나 세포로 침입하여 퍼지는 전이를 말한다.

문제가 되는 것은 혈행성 전이다. 암세포가 혈류를 타기 위해서는 혈관 안으로 들어가야 한다. 통상적인 혈행성 전이에서는 암이 혈관벽을 뚫고 혈관 내부로 침입해서 일어난다. 암의 확진 진단을 위한 생검은 바늘이나 생검용 기구를 이용하여 종양의 일부를 떼어내는 것이다. 당연히 출혈이 생기고 암세포도 채취할 수 있다. 이때 떼어낸 세포가 혈관 내로 들어가는 일은 없을까? 출혈이 있다는 것은 혈관이 찢어졌다는 의미이기 때문에 생검에서 떨어져 나온 암세포가 혈관 내부로 흡입될 수도 있다. 암세포는 혈관 벽을 돌파하여 침투할 수도 있기 때문에, 찢어진 혈관이라면 훨씬 더 쉽게 침투할 수 있다. 이것이 혈행성 전이를 유발하는 것은 아닐까? 그래서 조기암임에도 전이되는 환자가 발생하는 건 아닌가 하는 것이 내가 가진 의심이다.● 나뿐만 아니라 많은 의사들이 이 정도는 알아차리고 있을 것이다. 하지만 이를 인정하는 순간, 그 이후가 너무 두려워서 생각조차 하지 않으려는 것 같다. 여러 의사에게 물어봤지만, 모두 이야기를 꺼리는 분위기였다. 말하자면, 암 진단계의 금기사항인 셈이다.

   만약 생검을 통해 전이가 발생했다는 것이 증명되면, 암에서 세포를 채취할 수 없게 되고 확정 진단이

● 생검을 통한 암 전이 가능성은 이론적으로 존재하지만 실제로는 매우 드물다(0.01% 미만). 생검 바늘이 암 조직을 통과한 후 정상 조직에 암세포를 이식하는 경우(needle tract seeding)가 있을 수 있으나, 간암, 췌장암, 담도계 종양 외에는 거의 발생하지 않는다. 생검의 출혈, 감염 등 다른 합병증이 전이보다 더 흔하게 발생한다. 정확한 진단을 통한 이점이 미미한 전이 위험보다 훨씬 크므로, 우리나라에서는 필요한 생검을 전이 우려로 미루지 않도록 권장하고 있다(감수자주).

어려워진다. 하지만 암은 겉모습으로 판단할 수 없고, 생검이 불가능하다면 양성 종양이라도 절제할 수밖에 없다. 지금까지는 체포(세포를 채취)해서 암 여부를 판단하던 것을, 멀리서 본 인상(종양의 외형적 판단)만으로 처형(수술로 절제)하는 일이 벌어질 수도 있다.

출혈 없이 세포를 채취할 수 있으면 좋겠지만, 암의 표면은 부서지기 쉬워 조금만 세게 문지르면 출혈이 발생한다. 그렇다고 약하게 문지르면 핵심 세포를 얻을 수 없고, 음성이라도 검사 결과를 신뢰할 수 없어진다. 물론 생검을 한다고 해서 모두 전이되는 것은 아니기 때문에 지금은 위험을 감수하고 검사를 받는 것 외에는 방법이 없다. 하지만 일본에서는 이런 불편한 진실이 널리 알려지지 않고 있다.

8

안락사와 존엄사를
둘러싼 이모저모

안락사와 존엄사의 차이점

안락사와 존엄사의 차이점을 알고 있는가? 고통이 적은 방법으로 생명을 단축하는 것이 안락사, 인간으로서 최소한의 품위를 지키면서 죽는 것이 존엄사라는 막연한 설명으로는 그 차이를 알 수 없다. 안락사란 고통을 피하기 위해 치명적인 약물, 예를 들어 호흡 정지를 유발하는 근이완제나 심정지를 유발하는 염화칼륨 등을 투여하여 환자를 의도적으로 사망에 이르게 하는 것이다. 존엄사란 인간으로서의 존엄이 침해되는 상태를 피하기 위해 생명 유지에 필요한 의료를 중지하고 죽음에 이르게 하는 것을 말한다. 즉, 안락사는 적극적으로 환자를 죽게 하는 행위, 존엄사는 소극적으로 환자를 죽게 하는 행위라고 할 수 있다.

좀 더 명확하게 말하면 존엄사는 미필적 고의에 의한 살인이고, 안락사는 본인이 원해서 시행하는 자살, 행위 자체는 의사에 의한 '자살방조'다. 존엄하지 않은 상태란, 앞서 '비참한 연명치료'를 설명할 때도 언급했듯이 몸속에 튜브와 카테터를 꽂고 의식도 없는 채로 기계에 의해 억지로 살아 있는 모습을 가리킨다. 일본에서는 안락사와 존엄사가 모두 법적으로 인정되지 않는다. 따라서 안락사나 존엄사를 도운 의사는 살인죄로 재판을 받게 된다.

　　물론 의사가 사리사욕이나 분노, 원한 때문에 환자를 안락사나 존엄사 시키는 것은 아니다. 100퍼센트 환자와 가족을 생각해서 하는 것이다. 이를 살인죄로 추궁하는 것은 아무리 생각해도 불합리하지만, 허용하는 법률이 없기 때문에 살인죄가 적용되고 실제로 해당 죄목으로 체포, 기소된 의사도 있다. 만약 가족이 의사에게 안락사나 존엄사를 부탁했다면 가족도 '살인교사'로 처벌받아야 하지만, 현재까지 그런 전례는 없었다.

안　녕　한　　죽음　　　　　　　**226**

찬성파와 반대파의 주장

안락사법과 존엄사법에 관해서는 이미 수십 년 전부터 논의되어왔지만, 아직 법안이 발의된 적은 없다. 이는 반대파의 힘이 강하기 때문인데, 보이지 않는 '안락사, 존엄사 금지법'이 시행되고 있는 실정이다.

나는 누가, 어디서, 어떻게 보더라도 죽게 해주는 편이 환자 본인과 가족을 위한 것임이 명백한 상황을 현장에서 목격하고 있기 때문에, 안락사와 존엄사가 선택사항에서도 금지되어 있는 것이 매우 불합리하다고 느낀다. 하지만 찬성과 반대 의견을 최대한 공정하게 나열해보겠다.

먼저, 찬성 의견으로는 다음과 같은 것을 들 수 있다.

- 죽는 것 외에는 극심한 고통에서 벗어날 수 없을 때 필요하다.
- 의료에 의해 억지로 살아 있게만 하는 것은 인간

의 존엄성을 훼손한다.

– 인간에게는 자신의 최후를 결정할 권리가 있다.

간단하고 명료한 주장이다. 애초에 안락사나 존엄사라는 개념이 생겨난 것은 의료의 발전 때문이었다. 의료가 발달하지 않았던 메이지 시대(1868~1912)나 다이쇼 시대(1912~1926)만 해도, 누구나 집에서 존엄하고 안락하게 죽었다. 병원에서 고도의 기술을 이용한 여러 가지 치료를 받다 보니 쓸데없이 고통이 길어지는 사태가 발생한 것이다(물론 의료의 발전으로 구한 목숨도 많았지만). 어느 누구도 죽기 직전에 극심한 고통 속에서 존엄성을 잃고 싶지 않을 것이다. 이를 피하기 위한 방편이 존엄사와 안락사인데, 왜 법제화를 반대하는 것일까? 반대파의 의견은 대략 다음과 같다.

– 존엄사도, 안락사도 모두 생명을 버리는 행위다.
  죽어도 되는 생명은 존재하지 않는다.
– 목숨은 일단 잃고 나면 되돌릴 수 없으므로 성급

한 행위는 금물이다.

- 한 번 안락사를 허용하면, 비탈길에서 미끄러지듯 (다른 법안들이 줄줄이 통과되어) 멈출 수 없게 된다.
- 사회적 압력이나 주위 사람들에 대한 배려 등으로 본인이 원하지 않는 안락사나 존엄사가 이루어질 위험이 있다.
- 가족이나 의료인이 자신의 이익을 위해 법률을 악용할 위험이 있다.

모두 타당한 주장이며, 안락사나 존엄사에 내재된 위험과 폐해를 강조하고 있다. '사람의 생명은 지구보다 무겁다'는 말과 마찬가지로, '죽어도 되는 생명은 존재하지 않는다'는 말은 내게는 다소 교조적으로 느껴져 공감할 수 없다. 하지만 그 외에는 수긍이 가는 부분도 적지 않다.

안락사와 존엄사에
숨겨진 폐해

안락사와 존엄사에 대한 반대파의 의견 중 '사회적인 압력이나 주변에 대한 배려'라는 것은 오랜 기간 중증 간병이 필요한 근위축성 측삭경화증(ASL, 루게릭병이라고도 하며 운동신경세포가 파괴되면서 전신 근육의 진행성 마비와 위축이 생기고 발병 후 수년 내 사망에 이르게 되는 희귀 난치성 질환)이나 척수소뇌변성증(서서히 소뇌에 퇴행성 변화가 오는 유전성 소뇌 이상 질환) 같은 난치성 질환을 앓는 환자들에게서 종종 보이는 케이스다. 이런 환자들이 스스로 안락사를 선택하면 '품위 있다'든지 '훌륭하다'는 말이 나온다. 그러면 알게 모르게 다른 환자들에게도 무언의 압력을 가하는 꼴이 된다. 난치병 환자를 부양하는 가족은 경험자만 아는 고충을 떠안고 있다. 뿐만 아니라 간병인이나 자원봉사자들에게도 상당한 부담을 지우게 된다. 상황이 이렇다 보니 환자는 주변에 신세를 지는 건 물론이고 시간과 장소, 돈을 들여 돌봄을 받는 것에 견딜 수 없는 미안함을 느껴 더 살고 싶은 본인의 마음과 달리 안락사를 선택하는 경우가 발생할 수도 있다. 하지만 이를 허용하는 법이 없다면 원치 않는 안락사나 존엄사를 막을 수 있다는 것이 반대파의 주장이다.

가족이나 의료인이 자신의 이익을 위해 악용한다는 것은, 빨리 유산을 받고 싶은 아들이 의사와 공모하여 조작된 안락사를 한다거나, 고부갈등이 있던 며느리가 마음대로 치매나 뇌졸증 등으로 의사소통이 어려운 시어머니를 대변하여 안락사를 실행하는 경우 등이다.

의료인들이 악용하는 예는 치료가 번거로운 환자나 병원 측에 비용적 부담이 되는 경우, 의료진의 수고로움을 덜고 경비 절감을 하기 위해 손쉽게 존엄사나 안락사를 선택할 위험이 있다는 것이다. 존엄사법이나 안락사법이 생기면, 쉽게 유혹에 넘어가는 의료진도 있을 수 있다는 것이다.

그래서 지금까지 일본에서는 어떤 관련 법률도 국회에 제출되지 않았다. 현장에서는 보기만 해도 참혹한, 죽어도 죽지 못하는 환자들이 무의미하게 고통 속에서 목숨을 연장하고 있다. "죽어도 되는 목숨은 없다"고 말하던 사람도, 죽기 직전에 운이 나빠 기계에 의해 억지로 목숨이 붙어 있는 상태가 되어 마약도, 진정제도 듣지 않을 정도의 견딜 수 없는 고통과 마주하게 되면, "부탁이니 제발 죽게 해달라"고 말하지 않을까? 그런 상황에서도 의미 없는 고통을 견디며 '죽어도 되는 목숨 따위는 없다'고 계속 말할 수 있을지 모르겠다.

외국의 사례

세계 최초로 안락사법을 통과시킨 나라는 네덜란드다. 2001년의 일이다. 하지만 네덜란드에서는 이미 30년 전부터 안락사가 이루어지고 있었다. 현장에서의 여러 가지 상황과 문제점들을 토대로 제도를 보완하고 추인하여 2001년에 법제화시킨 것이다.

네덜란드의 안락사법에서는 견딜 수 없는 육체적 고통뿐만 아니라 정신적 고통에도 안락사를 용인하고 있다. 즉, 몸에 이상이 없어도 정신적 고통이 견디기 힘들다고 판단되면 안락사가 허용되는 것이다. 또한 미성년자의 경우에도 만 12세 이상이면 부모, 혹은 후견인의 동의하에 안락사를 허용하고 있다. (법 제정 초기에는 부모가 반대해도 안락사가 가능하도록 되어 있었다.) 미성년자에게 안락사를 허용한다니, 우리 같으면 상상도 할 수 없는 일이다. 물론 모든 미성년자에게 안락사를 허용하는 것은 아니다. 죽음 외에는 도피처가 없을 만큼 심각한 고통에 시달리는 아이에게 허가하는 것이다. 미성년자가 죽을 권리를 인정받는다는 건 있을 수 없는 일이라는 교조적인 판단으로, 죽을 만큼 고통받는 아이에게 계속 살 것을 강요하는 것이 과연 인도주의적이라고 할 수 있을까?

현재 네덜란드에서 안락사를 선택하는 사람은 전체 사망자의 약 4퍼센트를 차지한다. 즉 25명 중 1명이 안락사를 선택하고 있는 것이다. 이는 본인의 의사를 무엇보다도 우선시하는 네덜란드인의 국민성에서 비롯된 것이리라. 일본은 어떨까? 가족 중 누군가가 안락사를 선택하고 싶다고 했을 때, 순순히 받아들일 수 있는 사람이 몇이나 될까? 대부분의 사람들이 그러한 선택을 반대할 것이다.

일본에서는 본인의 의사보다 가족의 의견, 나아가서는 세간의 상식을 더 우선시하는 경향이 강하다. 물론 죽지 않았으면 하는 가족들의 마음도 이해할 수 있다. 하지만 가족의 의견이나 세간의 상식이 본인의 의사보다 우선시되어야 한다고 말하는 사람들이 기억해야 할 것이 있다. 그 말은 자신이 극심한 고통 속에 있고 벗어날 수 있는 방법이 오직 죽음밖에 없을 때, 고통받는 자신의 의견 대신 그 고통을 체험해보지 않은 누군가의 의견이 우선시된다는 것이다.

네덜란드에 이어 이듬해에 벨기에, 그리고 워싱턴 주, 캘리포니아 주, 오리건 주를 포함한 미국의 11개 주, 룩셈부르크, 캐나다, 호주, 뉴질랜드 등이 안락사를 합법화했다. 스위스의 경우, 안락사가 아닌 '의사 조력에 의한 자살'을 허용하고 있다. 그래서 잘 알려져 있다시피, 해외에서 안락사를 희망하는 사람들이 스위스를

찾는다. 실질적으로는 안락사를 허용하는 것과 다를 바
없다. 스위스에서 관련 법안이 만들어진 것은 네덜란드
의 안락사법보다 60년 가까이 앞선 1942년이다.

'자비'로운 살인 사건

안락사법이 제정되지 않은 오스트리아에서 19
89년 충격적인 사건이 발생했다. 수도 빈에 위치한 국립
라인츠병원에서 네 명의 간호사가 수 년에 걸쳐 총 42명
의 환자를 살해한 것이다. 나는 이 소식을 사우디아
라비아에서 근무할 당시 접했다. 현지 신문에 사건에 대
한 자세한 내용과 용의자인 네 명의 간호사 사진이 실
렸다. 기사에 따르면, 이 사건은 특정 간호사가 야간 근
무를 할 때 유독 비정상적으로 많은 환자가 사망하는
것을 이상하게 여겨 조사하던 과정에서 발견되었다고
한다. 그러나 네 명의 용의자는 자신들이 무분별하게
환자를 살해한 것이 아니라 고령에 완치 가능성이 없는

환자가 호흡곤란과 말기 암 증상으로 괴로워하는 것이 너무 안타까워 안락사시켰다고 진술했다. 즉, 자비로운 마음에서 비롯된 살인이라는 말이었다. 방법은 치사량의 인슐린을 투여하거나 기관 튜브에 물을 주입하는 방식이었다.

당시에는 간호사들의 행위를 이해한다는 여론도 있었다. 그러나 수사가 진행되면서, 그들이 자비를 베푼 대상은 불쌍한 환자가 아니라 골치 아픈 환자였음이 밝혀졌다. 즉, 손이 많이 가는 환자, 불평이 많은 환자, 침대에 대소변을 지리는 환자 등이 '자비'라는 명분으로 살해되었던 것이다. 이른바 '미끄러운 비탈길'이 현실화된 사례로, 이 소식을 접했을 때 나 역시 안락사법이 쉽게 만들어서는 안 되겠다는 생각이 들었다.

이 책을 쓰기에 앞서 다시 한번 내용을 살펴보았다. 논문 제목은 〈라인츠 병원 살인사건: 비교문화론적 고찰〉, 저자는 시미즈 다이스케, 교토대학교 문학부 철학연구실의 정기간행물에 실린 논문이었다. 사건 발생지인 라인츠병원 제1의료부는 당시 환자의 절반 가까이가 75세 이상이라는 특수한 상황으로 '고령 말기 환자의 종착역'이라고도 할 수 있는 병원이었다.

간호사들의 근무 환경은 매우 열악했다. 정규직 간호사들은 노동 부담을 가중시키는 일은 하지 않았고, 당시 용의자였던 네 명을 포함한 보조 간호사들이 현장의 궂은일을 도맡고 있는 실정이었다. 분명히 일손이 부족한데도 병원은 인력 증원을 허락하지 않았다. 사회가 고령화되면서 집에서 돌볼 수 없는 고령의 말기 환자들이 늘어나 갈수록 더 많은 환자가 몰려드는 상황이었다. 현장 감독도 미흡했다. 규칙 위반임에도 보조 간호사의 주사가 용인됐다. 그래서 인슐린과 진정제가 살인의 수단으로 사용된 것이다.

기사나 인터넷에는 네 사람의 사진이 같은 크기로 게재되어, 사진만 보면 네 사람이 함께 같은 죄를 저지른 것처럼 느껴진다. 하지만 그들의 관여 정도는 사람마다 달랐다. 그중에는 주범을 추종했을 뿐이거나 거의 관여하지 않은 사람도 있었다. 이런 사건에서는 대중의 눈살을 찌푸리게 하는 사실만 부각되고, 사건의 배경과 현장의 사정은 무시되는 경우가 많다. 이로 인해 왜곡된 정보가 유포되고 감정적인 반응이 유발되는 것은 바람직하지 않다.

인터넷에는 주범인 간호사가 환자를 살해하면서 신과 같은 힘을 느끼며 즐거워했다거나, 네 명의 간호사들이 스스로를 '죽음의 천사'로 불렀다거나, 피해자가 수백 명에 달할 수도 있다는 등 사건의 잔인함과 잔혹성을 보도하는 자극적인 글을 쉽게 찾을 수 있었다.

뉴스를 접했을 때의 느낌을 다시 떠올렸지만, 이 사건에 대해 자세히 언급한 논문을 찾아 읽으면서 나의 지식과 이해가 얼마나 얄팍했는지 반성하게 되었다.

일본에서의 안락사, 존엄사 사건

오래된 것으로는 1961년의 나고야안락사 사건이 있다. 뇌출혈로 전신마비가 되어 5년 가까이 병상에 누워 있던 아버지가 "죽여 달라. 빨리 편안하게 해 달라"

고 하자 큰아들이 사정을 모르는 어머니에게 농약이 든 우유를 아버지에게 전해주도록 해 살해한 사건이다. 존속살인으로 기소되었으나, 나고야고등법원은 '촉탁살인'으로 판단하여 장남에게 징역 1년, 집행유예 3년을 선고했다. 이때 법원은 안락사를 인정하기 위해 다음의 여섯 가지 조건을 제시했다.

1. 환자가 불치병에 걸려 죽음이 임박한 상태일 것.
2. 차마 눈 뜨고 보지 못할 정도로 고통이 극심하고 힘든 상태일 것.
3. 전적으로 고통을 완화하기 위한 목적일 것.
4. 환자의 의식이 명료하고 의사표현이 가능한 경우, 본인의 진지한 위탁 또는 동의가 있을 것.
5. 의사의 처치에 의한 것을 원칙으로 하되, 의사의 처치에 의한 것이 아닌 경우에는 이를 수긍할 만한 특별한 사정이 인정되어야 할 것.
6. 그 방법이 윤리적으로 마땅하다고 인정할 수 있는 방법일 것.

다음으로 세간의 이목을 집중시킨 것은 1991년 도카이대학병원 안락사 사건이다. 다발성골수종 말기로 혼수상태에 빠진 환자의 큰아들이 "아버지를 빨리 편하게 해달라"고 강력히 요구했고, 이에 주치의가 심정지를 유발하는 염화칼륨을 투여해 환자를 안락사시킨 사건이다. 요코하마지방법원은 피고인에게 징역 2년, 집행유예 2년의 판결을 내리는 동시에, 의사의 안락사가 허용되기 위한 네 가지 요건을 제시했다. 그러나 이 네 가지 요건은 법적 효력이 없기 때문에, 설령 모든 요건이 충족되어도 불법이라는 사실은 변함이 없다.

비단벌레의 날개처럼 모호한, 안락사의 네 가지 요건

도카이대학병원 안락사 사건에서 요코하마 지방법원이 제시한 안락사의 네 가지 요건을 요약해보면 다음과 같다.

1. 환자에게 견딜 수 없는 육체적 고통이 있을 것.
2. 환자는 죽음을 피할 수 없고, 그 시기가 임박한 상태일 것.
3. 환자의 육체적 고통을 제거하거나 완화하기 위해 모든 방법을 총동원했음에도 다른 대안이 없는 상태일 것.
4. 생명 단축에 동의하는 환자의 명시적 의사표시가 있을 것.

내가 안락사법을 주제로 한 소설 《신의 손》(2010)을 썼을 때, 이 네 가지 요건을 전제로 안락사 찬성파와 반대파가 같은 환자의 죽음에 관해 정반대의 주장을 펼치는 설정을 만들었다. 찬성파는 모든 요건이 충족되었다면서 안락사를 정당화하고, 반대파는 모든 요건이 충족되지 않았다고 비난하며 공격하는 것이었다. 소설에서는 주인공 의사가 21살의 항문암 말기 환자를 안락사시키는데, 1의 견딜 수 없는 육체적 고통에 대해 찬성파는 어떻게 봐도 견딜 수 없는 고통이었다고 말하고, 반대파는 그래도 견딜 만했다고 말한다. 2의 죽음이 임박했다는 요건에 대해서도 찬성파는 임박했다고 주장하고, 반대파는 임박하지 않았다고 주장한다. 3의 고통을 제거하고 완화하는 방법에 대해 찬성론자들은 모든 방법을 다 써서 다른 대안이 없었다고 말하지만, 반대론자들은 더 많은 방법이 있었을 것이라고 반박한다. 그리고 4의 명시적 의사표시에 대해 찬성파는 주치의의 질문에 본인이 분명하게 고개를 끄덕였다고 주장하고, 반대파는 그런 건 명시적 의사표시라고 할 수 없다고 맞선다. 명시적 의사표시란, 서면에 서명날인을 하는 것 등을 가리키므로 단순히 고개를 끄덕이는 것만으로는 유효하다고 할 수 없다. 그러나 찬성론자들은 사전에 그런 고통스러운 상황이 될 것이라고 예상하지 못한 젊은 환자가 안락사를 원한다는 본인의 의사를 문서로 남겨놓는 것은 말도 안 되고, 안락사를 간절히 원할 만큼 고통스러운 상황에서 서명 따위를 할 정신이 있을 리가 없다고 반론을 펼친다.

위에서 살펴본 바와 같이 이 네 가지 요건은 빛

에 따라 여러 가지 색깔로 보이는 비단벌레의 날개처럼, 각자의 주장에 따라 어느 쪽으로도 유리하게 해석될 수 있는 애매한 표현들을 포함하고 있다. 실제로 적용해서 객관적인 판단을 내리기에는 어려운 측면이 있다.

특히 2의 임종이 임박했다는 것은 어느 정도의 기간을 말하는 것일까? 설령 하루라든가 사흘이라든가 특정한 기간을 지정을 하더라도 예언자가 아닌 의사는 언제 죽을지 명확하게 단언할 수 없다. 그리고 정말 임종이 임박했다면 굳이 안락사를 시킬 필요도 없다. 오히려 임종이 임박하지 않았기 때문에 안락사가 필요한 것이다. 임종이 임박했기 때문에 안락사가 불필요하다는 것은 주변을 설득하기 위한 요건이지, 고통받는 환자 본인을 위한 요건이라고 보기는 어렵다.

안락사법 혹은
안락사 금지법

법이 제정된다고 곧 안락사가 가능해질 것이라는 생각은 성급한 판단이다. 이전에 내가 쓴 소설에서도 안락사 찬성파가 정치인들을 움직여 마침내 안락사 법안을 국회에 제출하는 데까지 이르렀다. 이에 반대파는 대안으로 독자적인 안락사 법안을 제출한다. 양측이 제출한 법안의 차이는 발동 조건이었다. 앞서 언급했듯이 안락사나 존엄사는 부적절하게 적용되거나 악용될 위험성이 있다. 그래서 앞의 네 가지 요건이 제대로 지켜져야 하는데, 그 요건을 충족시키기 위한 조건이 법률에 포함된 것이다.

찬성파의 법안에서는 본인의 의사를 확인하는 방법이 구두를 포함한 모든 방법이지만, 반대파의 법안에서는 본인의 의사확인을 위해서는 소정의 양식에 따라 본인이 자필로 기재하고 서명한 후, 변호사 또는 공증인의 승인을 받아야만 한다고 주장한다.

안락사의 요건 역시 마찬가지다. 찬성파는 도카이대학병원 안락사 사건에서 제시된 것을 이용하지만, 반대파는 여기에 가족의 동의와 함께, 주변으로부터의 정신적 압박이 없음을 증명하고 사회적·경제적 곤궁에 처해 있지 않다는 것을 증명해야 한다.

의사의 동의에 대해서도 찬성파는 두 명, 반대파는 네 명의 동의가 필요한 것으로 되어 있다. 안락사 연령 제한도 찬성파는 20세 이상이지만, 반대파는 40세 이상이다. 대상 환자도 찬성파는 육체적, 또는 정신적으로 견딜 수 없는 고통이 있는 환자지만, 반대파는 견딜 수 없는 통증을 동반한 말기 암 환자로 제한한다.

그 외에 의사 확인 기간이나 보고의무에 대해서도 반대파가 제출한 법안에서는 까다로운 조건을 더 추가했다. 그래서 이 모든 것을 충족시키는 것이 사실상 거의 불가능하도록 만들어버렸다.

반대파의 법안이 통과되면 안락사는 거의 금지된 것이나 다름없고, 관련 법이 없을 때는 현장의 운용에 따라 물밑에서 이뤄지던 안락사가 오히려 불가능해진다. 여기서 기억해야 할 점은 실제로 일어난 안락사 사건의 대부분이 의사 본인의 이득을 위해서 안락사를 결정한 것이 아니라 환자를 위해서 어쩔 수 없이 했던 행동이라는 사실이다.

안락사가 아닌
고뇌사의 현실

　　내가 이런 소설을 쓰게 된 계기는 실제로 안락사 직전까지 갔던 경험 때문이다. 외과와 마취과에서 수련을 마친 후 대학병원에서 마취과 의사로 근무할 때, 당직 아르바이트를 하러 갔던 이차병원에서 극심한 고통을 겪고 있는 스물한 살의 항문암 말기 환자를 만났다. 수술한 부위가 크게 파열되어 암이 뼈로 전이된 상태였다. 전달사항으로 '이미 모르핀은 효과가 없고, 진정제도 투약 가능한 최대치를 주사했지만 통증이 너무 심해 의식을 회복하지 못한다'고 되어 있었다. 회진차 진찰하러 갔더니, 건장한 체격의 청년이 침대에 엎드린 채 거친 숨소리로 "아파, 괴로워, 아파, 괴로워!"라며 신음하고 있었다. 아버지가 그의 곁에서 병간호를 하며 "어떻게든 해볼 방법이 없겠습니까?" 하고 비통한 표정으로 호소했다. 마약도, 진정제도 효과가 없자 절망에 빠진 것 같았다.

　　나는 일단 당직실로 돌아와서 어떻게든 방법이 없을까 생각했다. 마침 전공이 마취과였기 때문에 진정제가 효과가 없다면, 마취제를 쓰면 되지 않을까 하는 생각이 들었다. 전신마취를 하면 수술의 통증에도 깨어나지 않으니 암에 의한 통증에도 마찬가지로 효과가 있을 것이라 생각했다. 그래서 나는 케타민이라는 마취제를 사용하기로 했다. 처음에는 마취할 때 사용하는 양을 먼저 주사하고, 나머지는 정맥주사로 유지에 필요한 양을 투여하면 환자를 잠들게 할 수 있지 않을까. 물론 통상적인 사용법에는 벗어난 것이지만, 환자의 고통을 줄여주기 위해서 감수할 수 있는 부분이라고 판단했다.

　　병실로 돌아가서 환자의 아버지에게 방법을 설

명한 후, 케타민을 정맥주사로 주입하자 거친 호흡은 그대로였지만, 다행히 청년의 의식은 점점 희미해지고 신음소리도 불명확해졌다. 한시름 놓았지만, 케타민은 호흡억제 부작용이 있어 양을 많이 늘릴 수는 없었다. 하지만 일정 양이 들어가지 않으면 다시 의식이 돌아올 수 있어서, 환자의 아버지에게 그 부분을 설명하고 호흡이 유지되면서 의식이 돌아오지 않도록 신중하게 클램프(링거의 속도를 조절하는 플라스틱 기구)로 양을 조절했다. 마침내 아들이 잠든 것을 확인하자, 아버지는 침대 옆 의자에 웅크리고 앉았다. 나도 당직실로 돌아왔다.

두 시간 정도 지나서 상태를 보러 가 미닫이문을 여는 순간, 이상한 분위기를 느꼈다. 환자가 신음소리를 내지 않는 대신 호흡이 얕아지고 있었다. 정맥주사의 클램프를 보니 내가 조절해놓은 것보다 훨씬 빠른 속도로 떨어지고 있었다. 환자 아버지가 직접 클램프를 풀었던 것이다. 나는 서둘러 클램프를 다시 조절하고 아버지를 돌아보았다. 아버지는 벽에 기대어 선 채 고개를 숙이고 있었다. "링거는 절대 만지지 마세요. 이런 일이 또 생기면 약 투여를 중단할 겁니다." 아직 어렸던 나는 강한 어조로 말했다. '만약 이대로 환자가 죽으면 누가 책임을 지는 건데…' 하는 마음도 있었던 것 같다. 얼마 후 환자는 신음소리는 냈지만, 다행히 의식이 돌아오지 않고 무사히 아침을 맞이할 수 있었다. 나는 당직 근무를 마치고 그 이차병원을 떠났지만, 스물한 살의 환자와 어깨를 움츠린 채 고개를 푹 숙이고 있던 그의 아버지가 자꾸만 생각이 났다. 케타민은 언제까지 유효했는지, 그 청년 환자는 어떤 최후를 맞이했는지 한동안 신경이 쓰였다.

그 청년의 경우, 안락사를 하지 않으면 고통의 시간이 훨씬 길어지고 본인과 가족 모두에게 힘든 상황이 계속된다. 오히려 젊기 때문에 그만큼 심장과 폐가 튼튼해서 쉽게 기능을 멈춰주지 않는다. 그렇다면 '정말 안락사가 필요한 쪽은 고령자가 아니라 젊은 환자가 아닐까?' 하는 생각으로 이어졌다. 나는 지금도 밤새도록 작은 스탠드가 켜져 있던, 그 어두운 병실의 광경이 잊히지 않는다.

예측불가, 죽음의 현장

　죽음의 모습은 천태만상이다. 예측하지 못한 일이 일어나는 경우가 적지 않다. 사람뿐만 아니라 동물의 죽음도 마찬가지다. 나는 동물을 안락사시킬 때 생각지도 못한 상황을 경험한 적이 있다. 30대 초반에 외과의사로 근무하던 병원에서, 기술직 선생님들의 연수를 위해 내가 토끼 해부를 시연하게 되었을 때의 일이다. 살아 있는 토끼를 해부하는 것이기 때문에 클로로포름으로 잠을 재웠지만, 불쌍해서 먼저 안락사를 시키는 것이 좋겠다는 생각에 메스를 넣기 전에 염화칼륨을 주입하여 심장을 정지시켰다. 편안하게 죽었을 거라 생각했는데, 토끼가 갑자기 "히히히" 하고 매우 높은 음의 소리를 반복해서 내기 시작했다. 하악호흡에 의한 신음소리였던 것 같다. 그런데 고통으로 울부짖는 것처럼 느껴졌다. 나는 초조하고 당황스러워 숨이 막힐 것 같았다. 설마 그렇게 될 줄은 몰랐기 때문이다.

　존엄사나 안락사에서도 비슷한 일이 일어날 수

있다. 1998년에 발생한 가와사키협동병원 사건의 경우가 그렇다. 천식으로 인한 중첩발작(발작 간 의식 회복 없이 반복되는 발작)으로 심정지가 된 환자에게 심폐소생술을 하고 인공호흡기를 달았지만, 뇌사 상태에 가까운 상태가 되어버렸다. 주치의는 산 채로 몸이 썩어가는 비참한 상태가 되기 전에 연명치료를 중단하는 것이 좋겠다고 판단하고 가족의 동의를 얻어 인공호흡기를 뗐다. 가족들도 병실에 모여 마지막 작별인사를 하고 난 후의 조치였다. 그렇게 편안하게 돌아가실 줄 알았는데, 갑자기 환자가 등을 뒤로 젖히며 고통스러워하기 시작했다. 예상치 못한 상황에 주치의는 동료 의사의 조언에 따라 근이완제를 투여했다. 그리고 환자는 이내 임종을 맞았다.

주치의의 예측이 정확하지 못했다고 할 수도 있지만, 그것은 결과론적인 이야기이고 뇌사 상태로 추정되는 환자가 그런 반응을 보이는 것은 보통 상상할 수 없는 일이다. 그럼에도 불구하고 주치의는 최선을 다해 대응했고, 어떻게든 그 상황을 수습했다. 가족들도 놀랐겠지만, 마지막에는 주치의에게 감사의 인사를 하고 돌아갔다고 한다.

뒤틀린 인간관계에 의한 발각

　　1998년 가나가와 현 가와사키협동병원에서 주치의가 천식발작으로 쓰러진 환자를 뇌사 상태에 가깝다고 판단해, 기관 내 삽입한 튜브를 빼내 사망에 이르게 한 사건이 발생했다.

　　가와사키협동병원 사건이 발각된 것은 사건 발생 4년 만인 2002년이다. 왜 그렇게 오랜 시간이 걸렸을까? 사건 당시 주치의였던 의사는 병원장에게 경위를 보고하고 주의를 받았지만 세간에 공개되지는 않았다. 그런데 3년 후, 그 주치의를 탐탁치 않게 여기던 마취과 의사가 어떠한 계기로 과거의 진료기록을 살피다가 근이완제 사용을 알게 된 것이다. 마취과 의사는 원장에게 진료기록 사본을 보여주면서 그녀를 그만두게 하지 않으면 이 사실을 공개하겠다고 협박했다고 한다. 이 내부고발 사태를 심각하게 여긴 병원 측은 조사를 거쳐 주치의에게 퇴직을 권고했다. 주치의가 퇴직한 후 병원은 환자 유족들에게 사과하고 기자회견을 열어 사건을 공개했다. 언론은 이 사건을 선정적으로 보도했고 유족들은 병원 측으로부터 거액의 배상금을 받았으며 경찰은 주치의를 살인 용의자로 체포했다.

재판에서 주치의는 가족의 의사를 충분히 확인하지 않고 기관 튜브를 뽑았다는 이유로 1심에서 징역 3년, 집행유예 5년을 선고받았다. 그러나 2심에서는 가족의 동의가 있었다는 점이 인정되어 징역 1년 6개월, 집행유예 3년으로 감형되었다. 주치의는 자신의 행위의 정당성을 주장하기 위해 대법원에 상고했으나, 2009년 대법원은 이를 기각했다. 이 사건에는 병원 측의 대응, 배상금을 받을 수 있다는 것을 알게 된 유족들의 태도 변화 등 다양한 요소들이 얽혀 있다.

나는 이 사건을 모티브로 한 소설《선한 의사의 죄》를 집필하면서 당시 주치의였던 스다 세츠코 씨를

두 차례에 걸쳐 취재했다. 그녀는 선의를 전제로 한 의료행위가 고의적 살인일 리가 없는데도 살인죄로 판단한 것에 의문을 제기했다. 자세한 경과는 그녀의 저서 《내가 한 일은 살인인가?》에 상세히 기록되어 있다.

　　스다 씨도 우려했던 부분이지만, 심정지로 실려온 환자에게 심폐소생술을 시행하여 비참한 연명치료를 하게 되었을 때, 이를 중단하는 것이 살인죄가 된다면 의사들은 처음부터 심폐소생술을 하지 않을지도 모른다. 애초에 심폐소생술을 하지 않으면 살인죄를 뒤집어쓸 위험이 사라지니까.

　　뒤틀린 인간관계로 인해 안락사, 혹은 존엄사가 드러난 경우로는 샤스이시민병원의 사례도 있다. 이 사건은 당사자인 외과 과장과 병원장 사이의 불화에 인한 것으로 보인다. 선의의 판단으로 치료를 중단하고 가족들도 이를 납득했음에도, 언젠가 병원 내 인간관계가 틀어지면 언제 내부고발이 들어올지 모르기 때문에 의사는 선뜻 존엄사나 안락사에 손을 댈 수 없는 것이다. 이로 인한 피해와 불이익은 환자와 그 가족들의 몫이다. 하루 빨리 존엄사법 제정만이라도 서두를 필요가 있지 않을까 한다.

획기적인 NHK 다큐멘터리

2019년 6월 2일, NHK 스페셜에서 〈그녀는 안락사를 선택했다〉라는 다큐멘터리가 방영되었다. 전신이 마비되는 진행성 난치병 '다계통위축증MSA, multiple system atrophy'을 앓고 있는 51세 여성 코지마 미나 씨가 스위스에서 안락사를 선택하기까지의 여정을 추적한 내용이다.

다계통위축증은 중추신경계의 여러 부위가 동시에 퇴행하면서 나타나는 신경퇴행성 질환이다. 전신 근육이 위축되어 보행장애, 언어장애, 연하장애, 호흡장애 등이 발생하여 결국 사망에 이르는 신경근질환으로, 현재는 치료법이 없다. 코지마 씨는 보행 곤란과 경미한 언어장애가 있었지만, 휠체어로 이동은 가능했고 식사도 할 수 있었다. 하지만 이대로 병이 계속 진행되면 결국 병상에 누워 있다가 인공호흡과 위루술이 필요해질 것이라는 의사의 말을 듣고 안락사를 선택한 것이다.

가족은 반대했지만, 코지마 씨가 가족의 눈을 피해 자살 시도를 여러 번 반복하자 그녀의 의사를 받아들이기로 했다고 한다. 이 다큐멘터리에서 획기적이었던 것은 코지마 씨가 스위스에서 가족들이 지켜보는 가운데, 치사량의 약물을 투여하고 의식을 잃는 장면까지 보여준 것이다. 물론 하악호흡을 하는 장면까지는 방영되지 않았지만, 많은 시청자들이 그녀가 편안하게 잠든 채 그대로 죽었다고 생각한 것 같다. 안락사에 호의적인 인상을 주는 영상이었다.

그런데 더욱 주목할 만한 점은 같은 병을 앓고 있으면서도 살기를 선택한 환자도 방송에 소개되었다는 부분이다. 삶을 선택한 환자는 휠체어를 타고 가족과 함께 외출했다. 그러나 병이 진행되면서 점점 마르고 쇠약해져 몸을 움직이지 못하고, 말도 하지 못하는 상태가 되어 누워 있는 모습이었다. 표현은 좀 거칠지만, 비참하다는 인상을 받은 시청자들이 많았던 것 같다.

두 경우를 비교하면 스위스에서 안락사를 진행한 코지마 씨 쪽이 더 바람직한 선택이라고 느끼는 사람이 많도록 짜여진 프로그램이었다. 즉, 안락사에 대해 긍정적인 다큐멘터리였다.

그러나 앞서 말했듯이 코지마 씨는 아직 대화도 가능하고, 식사도 할 수 있고, 스위스까지 갈 수 있는 체력도 있었기 때문에 안락사를 진행하겠다는 그녀의 결정이 너무 이르다고 생각한 사람도 있었을 것이다. 나도 그렇게 생각했다. 하지만 그녀는 질환이 진행되어 어느 날 갑자기 증상이 심해지면 스위스에 갈 수 없다는 두려움이 있었다. 왜 스위스에 가야 하는가? 그것은 일본에서는 안락사를 할 수 없기 때문이다. 움직일 수 없으면, 죽을 때까지 (죽을 수도 없는) 비참한 상태가 계속될 거라는 공포가 그녀를 서두르게 한 것이다.

일본에 안락사법이 제정되었다면, 코지마 씨도 성급한 결정을 내리지 않았을 것이다. 그런 의미에서 안락사를 하나의 선택지로 인정하는 것이 필요하다는 걸 느끼게 하는 방송이었다.

방송에 대한 강한 반발

이 다큐멘터리는 큰 반향을 불러일으켰지만, 강한 반발도 함께 있었다. 일본자립생활센터(장애인과 난치병 환자가 지역에서 자립하여 생활할 수 있는 사회를 지향하는 단체)는 이 방송을 '조력자살 보도'라고 비판하는 성명을 발표했다. 이 프로그램이 인공호흡기를 달고 있는 환자나 난치병으로 장기 입원 중인 환자의 존엄성을 경멸하고, '간병살인이나 존속살인'을 부추길 수도 있다고 비판했다. 그밖에도 장애학회 이사회나 개인 블로그 등에서도 비판적인 의견이 많았다. 당연하다. 이대로 안락사를 쉽게 용인하는 분위기가 확산되는 것도 위험하다. 일본에는 아직 안락사에 관해서 불확실한 요소가 많기 때문이다.

그럼에도 이 다큐멘터리는 안락사의 실상을 조금이나마 엿볼 수 있게 해주었고, 안락사라는 이슈를 회피하지 않고 제대로 마주하는 첫걸음이 되었다. 그러나 이듬해 12월 26일 방영된 NHK 스페셜 〈환자가 '삶을 끝내고 싶다'고 말했을 때〉에서는 논조가 후퇴했다. 그해 7월 교토에서 발각된 루게릭병 환자의 청부살인사건이 원인이었을 것이다.

　　방송에서는 루게릭병을 앓고 있는 남성 환자가 인공호흡기를 착용하지 않기로 결정한 상황으로 거슬러 올라간다. 루게릭병은 전신 근육이 위축되는 신경근질환으로 병이 진행되면 호흡근육에 마비가 오기 때문에 인공호흡기를 착용하지 않으면 결국 질식사하고 만다. 전신 근육이 위축되어 침상에 누워 있는 상태로 식사도 대화도 할 수 없고, 뒤척일 수조차 없으므로 전적으로 간병에 의존하게 된다. 욕창 예방을 위한 체위 전환, 위루를 통한 영양 보충, 세수, 구강 관리, 배설물 관리와 음부 세척, 옷 갈아입히기부터 이발, 손톱깎이 등의 돌봄을 1년 365일 받아야 한다.

　　이 같은 상황을 피하기 위해 남성은 인공호흡기를 착용하지 않고 수명을 끝내기로 했다. 하지만 그의 아내는 남편이 인공호흡기를 달고서라도 어떻게든 살아 있기를 바랐다. 남성의 호흡 기능이 약해지고 이대로

라면 남은 시간이 얼마 남지 않은 상황에서, 남성은 아내를 위해 마음을 바꿔 인공호흡기를 착용하기로 한다. 이를 본 많은 시청자들은 다행이라며 안도의 한숨을 내쉬지 않았을까? 분명 감동받은 사람도 있었을 것이다. 하지만 나는 암울하다는 생각이 들었다. 남성이 그토록 피하고 싶어했던 상황이, 앞으로 쭈욱 계속될 것이기 때문이다. 방송에서는 그 부분에 대해서 거의 언급하지 않았다. 그리고 해피엔딩처럼 끝을 맺었다.

장애가 있거나 중증 간병이 필요한 사람들의 존엄성은 당연히 지켜져야 한다. 그들의 삶의 의지도 최우선적으로 존중되어야 한다. 누구든지 스스로가 납득할 수 있는 방식으로 살아갈 권리가 있다는 것도 충분히 이해한다. 하지만 죽지 않고 살았으면 좋겠다는 바람을, 가족이라 해도 타인에게 강요할 권리가 있을까? 특히 당사자가 극도의 고통에 시달리는 중이라면 더더욱 그렇다. 당사자의 의사를 소중히 여긴다면, 죽지 않고 살았으면 좋겠다는 바람도 얌전히 넣어두어야 한다.

물론 쉬운 일은 아니다. 평소 죽음에 대해 생각

해보지 않았다면, 나나 소중한 사람의 죽음을 받아들이는 것은 당연히 어렵다. 하지만 죽음을 회피하고 삶을 강요하는 것이 오히려 당사자에게는 고통과 괴로움일 수 있음을 꼭 한 번 생각해보았으면 좋겠다.

가족이나 가까운 이의 마지막을 목전에 두고 어려운 결정을 내려야 할 때, 너무 갑작스러워서 어쩔 줄 모르겠다는 사람이 많다. 당황하고 혼란스러워 제대로 된 결정을 내리지 못하면 나중에 후회할 수도 있다. 후회를 남기지 않으려면 평소에도 갑자기 닥칠 순간을 대비해 정보를 수집하고 곰곰이 생각해 마음의 준비를 해두는 것이 중요하다.

9

'좋은 죽음'을 맞이하려면

'좋은 죽음'이란 무엇인가

지금까지 사람이 어떻게 죽어가는지를 알아보고, 단 한 번뿐인 죽음을 어떻게 해야 잘 맞이할 수 있을까 함께 고민했다. 여기서 다시 한번 '바람직한 최후'가 무엇인지 생각해보려 한다.

가장 먼저 떠오르는 것은 고통과 아픔이 없는 죽음일 것이다. 어느 누구도 고통이나 아픔 속에서 죽고 싶지는 않을 테니까. 이것은 어느 정도 가능하다. 의사에게 의료용 마약이나 진정제를 요청하면 된다. 병원에 입원하지 않고 재택의료를 선택하는 경우에도 가능하다. 그러나 고통을 완전히 없애고 싶다면, 고통이 시작될 때 인위적으로 의식을 없애는 것 외에는 방법이 없다. 이는 너무 이른 안락사나 다름없다. 비참한 연명치료와는 또 다른 의미에서 인간으로서의 존엄성이 훼손되는 최후인 셈이다.

죽음은 생명체로서의 목숨이 끝나는 것이기 때문에 어느 정도 고통스러운 것이 당연하다. 고통과 괴로움은 피할수록 더 강하게 느껴진다. 주사를 싫어하는 아이일수록 주사를 맞을 때 더 많이 우는 것처럼 말이다. 반대로 받아들이는 마음을 가지면 오히려 고통이 조금 완화된다. 따라서 죽음은 어느 정도 고통스러운 것이라고 미리 각오를 해두는 것이 차분하게 임종을 맞이할 수 있는 하나의 방법이다. 고통이 두려워 벌벌 떨고 있으면 사소한 증상도 '죽을 만큼의 고통'으로 느껴질 수 있다.

'바람직한 마지막'을 알기 위해서는 '원치 않는 마지막'을 생각해보는 것도 좋은 방법이다. 아무도 극심한 고통에 시달리면서도 죽지 못하는 상태로 시간을 끌다가 맞이하는 임종을 원치 않을 것이다. 의료용 마약이나 진정제를 사용하는데도 왜 그런 일이 벌어지느냐면, 억지로 생명이 연장당하기 때문이다. 회복 가능성이 없는데도 시행되는 연명치료 때문에 계속 살아 있으면서 마약성 진통제나 진정제도 듣지 않을 정도의 극심한 고통에 시달리게 되는 것이다.

수많은 튜브와 카테터를 꽂고 의식도 없이, 몸 여기저기서 출혈이 발생하고 부종과 황달로 육체가 썩어가는 듯한 상태로 기계에 의해 억지로 살다가 맞이하는 죽음 역시 당연히 바람직하지 않다. 이러한 상황 또한 생명을 연장하려는 의료적 처치를 받았을 때 발생한다. 이 사례에서 알 수 있듯이, 임종을 맞이할 때는 고도의 의료 장비에 의존하지 않는 것이 좋다. 거듭 말하지만 의료는 죽음 앞에서 무력하다.

병원이 아닌 집에서의 죽음

한 강연회의 질의응답 시간에 고령의 여성에게서 이런 질문을 받은 적이 있다. "저는 링거와 튜브로 침대에 묶여 인공호흡기를 착용한 채로 죽음을 맞이하고 싶

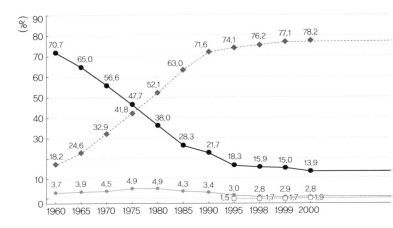

| 임종 장소의 변화 추이 |

지 않은데, 어떻게 하면 좋을까요?" 나는 이렇게 대답
했다. "그럼 좋은 방법이 있습니다. 병원에 가지 않으면
됩니다." 그러자 장내에서 웃음이 터져 나왔다. 나는 진
지하게 대답했는데, 다들 농담으로 생각한 것 같았다.
그 정도로 삶의 마지막 순간이 가까워지면 병원에 가는
것을 당연하다고 생각하는 사람들이 많다.

실제로 지금도 70퍼센트 이상이 병원에서 사망

78.4　79.8　79.4　78.6　78.4　77.9　74.6　73.9　73.0　72.0　71.3

- ◆-- 병원
- ● 집
- ★ 요양원
- □-- 진료소

13.5　12.2　12.3　12.7　12.4　12.6　12.7　13.0　13.2　13.7　13.6
　　　　　　　　　　　　　　　　　　6.3　6.9　7.5　8.0　8.6

2.8　2.6　2.6　2.9　3.2　3.5
□2.0　□2.1　□2.5　□2.5　□2.4　□2.4　□2.0　□1.9　□1.8　□1.7　□1.6

2001　2005　2007　2008　2009　2010　2015　2016　2017　2018　2019(年)

후생노동성조사

하고 있다. 하지만 병원은 원칙적으로 환자를 살리는 곳이기 때문에 환자가 오면 검사와 치료를 하지 않을 수 없다. 그러다가 의술을 맹신하는 의사나 컴플레인을 두려워하는 의사를 만나면(대부분 둘 중 하나), 아무짝에도 소용없는 연명치료의 컨베이어벨트에 오르게 되는 것이다. 그게 싫다면 병원에 가지 않는 것 말고는 다른 방법이 없다.

오랫동안 특수요양병원 의사로 일해온 이시토비 코우조는 본인이 적극적 의료에 종사한 경험을 토대로 고도의 의료행위를 지양한다. 병원에서의 죽음보다 간병 서비스만 제공하는 요양원에서의 죽음이 훨씬 더 바람직하다는 것을 깨닫고 '평온한 죽음'이라는 말로 그 효용성을 널리 알리고 있다. 시설에서의 임종도 가족들만 납득한다면 얼마든지 바람직한 죽음이 가능하다. 시설에서는 불필요한 의료적 처치를 하지 않기 때문이다.

　　앞서 언급했듯, 나 역시 고도의 의료를 하지 않는 자택 임종케어로 마지막을 맞이하는 것이 환자 본인과 가족에게 바람직하다는 것을 실감하고 있다. 나나 이시토비 씨 외에도 재택의료에 종사하는 많은 의사들이 병원에서의 죽음보다 자택에서의 죽음이 더 바람직하다고 책이나 강연을 통해 이야기하고 있다.

　　그럼에도 불구하고 여전히 사람들은 위급한 상황이 발생하면, 병원에 가야 한다고 생각한다. 이유는 죽음에 대한 걱정과 불안감 때문일 것이다. 게다가 혹시 병원에 가면 도움을 받을 수도 있다는, 지푸라기라도 잡고 싶은 심정도 있을 것이다. 하지만 그런 생각에 이끌려 병원에 가면 원치 않는 최후를 맞이할 위험이 커진다. "걱정돼서 병원에 왔지만 검사나 치료는 하지 말아주세요"라고 말하면, "그럼 병원에 오지 마세요"라는 대답을 듣게 될 것이다.

물론 증상에 따라 병원에 가야 할 때도 있다. 일반인 입장에서는 병원에 가야 할지, 집에서 임종을 맞이해야 할지 판단이 어려울 수 있다. 상황에 따라 판단이 달라지므로 일률적인 기준을 제시할 수는 없다. 예컨대 건강하던 사람이 갑자기 쓰러졌을 때나 신종 코로나 바이러스를 포함한 감염성 질환 등의 경우에는 병원에 가는 게 도움이 될 수 있다. 하지만 초고령자나 말기 암 환자처럼 서서히 죽음에 가까워지고 있는 경우에는 병원에 가지 않는 편이 낫다. 병원에 가면 환자를 살릴 가능성이 있지만, 비참한 연명치료를 하게 될 가능성도 함께 있다. 반대로 병원에 가지 않으면, 그대로 사망하게 될 위험은 있지만 비참한 연명치료는 피할 수 있다는 것을 기억해두면 좋겠다.

메멘토 모리의 효용

바람직한 임종을 맞이하기 위해 결정을 내려야 할 때, 당황하지 않으려면 평소에 마음의 준비를 해두는 것이 중요하다. 즉, 임종이 아직 멀었다고 생각될 때부터 죽음을 의식하고 대비해야 한다.

오랜 시간 재택의료를 하다 보면, 죽음을 받아들이고 집으로 돌아오는 환자들은 대체로 비슷한 류의 차분함을 지니고 있음을 발견한다. 고통은 약으로 억제하지만, 병을 고치거나 생명을 연장하기 위한 치료나 검사는 하지 않는다. 그래서 치료 효과나 검사 결과에 신경 쓰지 않고, 의미없는 부작용에 시달리지 않는다. 집에서 안정을 취하면서 병원에 갈 필요가 없다는 것을 인지하고, 본인에게 가장 익숙한 공간에서 마지막 시간을 보내는 것이다. 이것은 모두 다가오는 죽음의 순간을 거부하지 않고 현실로 받아들이기 때문에 가능한 것이다. 즉, '메멘토 모리'(죽음을 생각하라)에 의한 마음의 평안이다.

'메멘토 모리'는 원래 '우리 중 그 누구도 죽음을 피할 수 없으니, 지금 먹고 마시며 인생을 즐겨라'라는 의미가 포함되어 있다. 죽음을 잊고 사는 것이 속 편한 것은 사실이지만, 준비할 기회를 놓치면 형편없는 임종을 맞이할 위험이 크기 때문에 죽음을 마주하는 편이 더 안전하다고 권유하는 것이다.

　　파스칼의 명언 중에 내가 좋아하는 글귀가 있다. "우리는 절벽 앞에 시야를 가릴 수 있는 무언가를 놔둔 채 안심하고 그곳으로 향해간다." 누구에게나 매일 하루씩 남은 인생이 줄어들고 있다. 그렇게 생각하면 하루의 무게도 달라질 것이다. 죽음을 잊고 마음 편하게 살다 보면 하루를 허투로 써버리고, 쓸데없는 일로 싸우고, 상처받고, 의기소침해진다. 하지만 남은 시간이 계속 줄어들고 있다고 생각하면 아까워서 그럴 여유가 없다. 대신 이 소중한 하루를 의미 있게 써야겠다는 생각이 들지 않을까?

　　나는 항상 죽음을 의식하고, 죽을 병에 걸릴 가능성, 사건사고나 자연재해에 휘말릴 수 있다는 위험성을 의식하고 있다. 불길하다거나 재수가 없다는 등의 생각은 하지 않는다. 실제로 일어날 수 있는 일이지만 그런 일이 일어나지 않는 지금이 얼마나 다행스럽고 감사한 일인지도 실감할 수 있다. 아내나 자식, 손주, 어머니의 죽음도 항상 의식하려고 한다. 그런 일이 생기면 정말 슬픈 일이지만, 그런 일이 일어나지 않는다고도 말할 수 없다. 이렇게 죽음을 의식하다 보면, 나의 가족이 건강하게 살아 있다는 것만으로도 행복을 느낄 수 있다. 사소한 일로 싸우거나, 이것저것 요구하거나 하는 불쾌한 일들이 훨씬 줄어든다.

당신과 당신의 가족이 살아 있는 것은 당연한 게 아니다. 언제 이별이 올지 모른다. 이별한 후에 '이렇게 했으면 좋았을 텐데', '그런 말은 하지 말았어야 했는데' 하고 후회해도 늦는다. 때늦은 후회로 괴로움을 겪고 싶지 않아서 나는 항상 죽음을 의식하려고 애쓴다. 죽음을 의식하는 것이 무섭다고 생각하는 사람들도 있겠지만, 익숙해지면 별거 아니다. 오히려 어느 순간 당연한 일처럼 느끼게 된다.

ACP, 임종을 향한 사전 준비

비참한 연명치료를 피하기 위한 가장 확실한 방법은 병원에 가지 않는 것이다. 병원에 가도 죽음을 막을 수 없다고 백만 번을 반복해도 막상 위급한 상황이 되면 구급차를 부르거나 직접 병원에 가게 되는 사람이 적지 않다. 본인의 의지로 병원에 가서 원치 않는 검사나 치료를 받는 것은 어느 정도는 자업자득이라 어쩔 수 없지만, 문제는 본인이 연명치료를 원하지 않는데 가족이 본인의 의사를 무시하고 병원으로 이송해버리는 경우다. 물론 가족도 선한 의도로 하는 일이라 무조건 비난할 수는 없지만, 일단 비참한 연명치료의 컨베이어 벨트에 올라 타면 돌이킬 수 없어진다.

이런 상황을 피하기 위해 미리 자신의 의사를 명확히 하도록 마련된 것이 바로 '사전돌봄계획ACP, Advance Care Planning'이다. 예를 들어, 심정지 상태가 되었을 때 심폐소생술을 받을 것인지, 호흡곤란이 왔을 때 인공호흡기를 착용할 것인지, 구강으로 음식을 섭취할 수 없으면 때 튜브로 영양을 공급하는 바위관이나 위루관을 삽입할 것인지 등에 대해 미리 자신의 의사를 명확히 해두는 것이다. 물론 한 번 결정했다고 해서 끝나는 것은 아니다. 얼마든지 변경할 수 있다.

이를 가족 구성원들이 모두와 이야기해서 미리 합의를 해두면, 설령 현장에서 본인이 의식을 잃거나 치매 등으로 명확한 의사표현을 할 수 없어도 무턱대고 병원으로 이송될 위험은 줄어든다.

그런데 이 ACP가 일본에서는 좀처럼 확산되지 않고 있다. 왜냐하면 그런 죽음과 관련된 일을 지금 꼭 결정해야 하는지 모르겠다든지, 불길하다든지, 생각만 해도 두렵다는 사람이 많기 때문이다. 실제로 심폐소생술이나 인공호흡기, 비위관장치가 어떤 것인지 잘 모르는 것이 일반적이다. 다만, 한 가지 기억해야 하는 것은 이 모든 장치가 환자를 살릴 수 있고 도움이 될 수 있다면 적극적으로 권장하겠으나, 비참한 연명치료에 그치기에 안 하는 게 좋겠다는 것이다. 하지만 앞서 이야기한 것처럼 연명치료가 도움이 될지 비참하게 만들지는 실제로 해보지 않고서는 알 수 없다. 백 퍼센트 살릴 수 있고 도움이 된다면 당연히 해야 하는 것이고, 살릴 가능성이 희박하다면 하지 않아야 한다. 하지만 대부분의 경우, 그렇게 명확하지 않다. 그래서 본인의 의사를 존중해주자는 것이 의료진의 입장이다.

　　문제가 되는 경우는, 본인은 연명치료를 거부하는데 가족들이 치료를 원할 때다. 시시각각 환자의 상태는 악화되고 있는데 환자 본인과 가족 간의 의견이 일치하지 않으면, 의료진은 어느 쪽을 따르든 원망을 듣게 된다. 이런 상황을 피하기 위해 ACP가 있는 것이다.●

● 우리나라에는 2018년부터 시행된 '사전연명의료의향서'와 '연명의료계획서'라는 제도가 있다. 사전연명의료의향서는 건강한 사람이 미래의 상황에 대비해 미리 작성하는 문서인 반면, 연명의료계획서는 이미 말기 상태나 임종 과정에 있는 환자가 작성한다. 연명의료계획서는 말기 환자나 임종 과정에 있는 환자가 담당의사와 상담 후 작성하는 문서로, 자신의 연명의료 중단이나 유보에 관한 결정을 문서화한다. 이는 담당의사가 환자의 질병 상태와 예후, 연명의료의 내용을 설명한 후 환자가 의사결정 능력이 있을 때 작성되며, 심폐소생술, 인공호흡기, 혈액투석, 항암제 투여 등에 대한 환자의 의사를 기록하고 의료기관윤리위원회의 심의를 거치게 된다. 여러 가지 문화적인 요인들로 인해 작성률이 저조한 상황이다(감수자주).

'인생회의' 포스터의 실패

후생노동성도 적극적으로 ACP 홍보에 힘쓰고 있다. 그러나 2019년, ACP를 '인생회의'로 번역하여 만든 포스터가 큰 비판을 받았다. 요시모토흥업(일본의 대형 연예 기획사 중 하나) 소속 개그맨 코야부 카즈토요가 모델이 되어 코에 산소 튜브를 꽂은 채 침대에 묶여 비통한 표정으로 인생의 마지막을 맞이하는 환자를 연기하고 있는 포스터가 문제였다. 이에 '전국암환자단체연합회'를 비롯한 여러 환자 단체에서 '암=죽음'을 연상시킨다거나 암 환자의 유족에게 상처를 준다는 비판이 일었고 후생노동성은 하루만에 포스터 게재를 취소했다. 확실히 코야부 씨의 표정은 질병과 죽음에 대한 공포를 강하게 연상시켰다.

포스터에 암 환자를 직접적으로 연상시키는 요소는 없었지만, 실제로 심각한 질병을 앓고 있는 사람이 본다면 고통스러웠을 것이다. 하지만 그렇다고 해서 인생의 마지막에 일어날 일들을 외면하고 있다가는 막상 닥쳤을 때 '이럴 줄 몰랐다'고 후회하게 될지도 모른다.

　　후생노동성에서 무리해서라도 엄혹한 현실을 바라보게 하려고 그랬는지는 모르겠지만, 내가 보기에는 '인생회의'라는 표현도 소극적이고 미온적이다. ACP는 직역하면 '사전돌봄계획'이지만, 정확히 말하면 '어떻게 죽을 것인가에 대한 계획', 혹은 '죽을 때의 계획'이다. 나는 이런 거침없는 표현을 좋아한다. 그러나 너무 노골적이라 많은 사람들이 받아들이기 힘들 수도 있겠다.

　　이후 후생노동성은 호감도가 높은 배우를 등장시키고, 인터뷰나 리플렛을 통해 홍보에 힘쓰고 있지만, 임팩트가 거의 없기는 마찬가지다. 지자체에서도 홍보를 하고 있지만, 수용자들이 쉽게 받아들이도록 하는 것에 집중한 탓인지, '풍요로운 삶과 함께 건강에 대해 배우고 생각합시다', '마지막까지 자기답게 풍요로운 삶을 살기 위해' 등의 물러터진 표현뿐이다. 삶의 마지막 순간의 현실적 각오 같은 것들은 직접적으로 언급하지 않고 있어서 정작 도움은 되지 않을 가능성이 크다.

　　하지만 '죽을 때의 일 같은 건 생각하기 싫다. 모

든 것이 잘될 것이다. 이상 끝!'이라고 말하는 사람도 있다. 아내의 지인도 "누구든지 언젠가는 죽는다는 것을 알고 있지만, 지금은 그런 생각을 하고 싶지 않다"며 죽음과 관련된 대화를 일절 거부한다. 그런 사람들에게 노골적인 표현은 역효과만 불러일으킬 뿐이다.

임팩트가 강하면 비판이 밀려들고, 너무 수수하고 무난하면 홍보 효과가 별로 없으니 ACP의 중요성을 이해시키려면 어떻게 해야 할까? ACP를 하지 않아서 비참함과 후회로 가득 찬 죽음을 맞이한 사람에게 자신의 경험을 이야기해달라고 하면 효과적이겠지만, 불가능한 일이니 답답하기만 하다.

구급차를 불러야 할 때와
말아야 할 때

어떤 경우에 구급차를 불러야 하며, 어떤 경우에 구급차를 부르지 않는 것이 좋은지 고민하는 사람이 많다. 가장 쉽게 알 수 있는 것은 고령의 환자가 의식이 없는 경우다. 이 경우에는 조용히 지켜보는 것이 가장 좋다. 담당 주치의나 재택의료 주치의가 있다면 연락을 취하고 임종케어를 위해 방문해달라고 하면 된다. 혹여 주치의와 타이밍이 맞지 않아도 괜찮다. 제 시간에 도착하더라도 의사가 할 수 있는 일은 거의 없다. 임종 후에도 의사가 사망을 확인하기 전까지는 법적으로 사망하지 않은 것으로 간주되므로 꼭 사망진단서를 작성해달라고 해야 한다.

그런데 이때 구급차를 부르면 비참한 결과를 초래할 수 있다. 고령의 환자가 임종이 임박했을 때 구급대원들은 '왜 구급차를 불러야 하는가. 그냥 이대로 보내드리는 게 좋을 텐데'라고 생각하면서도, 당연히 그 말을 내뱉지 못한다. 형식적으로 인공호흡을 하거나 심장 마사지를 하면서 병원으로 이송할 수밖에 없다. 이송된 병원의 의사도 '왜 병원에 데려왔나. 그냥 이대로 보내드리면 될 것을'이라고 생각하면서도 입 밖으로 말을 꺼내지 못한다. 어쩔 수 없이 틀에 박힌 대로 심폐소생술을 한다. 불행히도 심장이 다시 뛰기 시작하면 기관 튜브를 삽입하고, 인공호흡기에 연결하고, 폐 엑스레이를 찍고, 정맥주사를 꽂고, 소변줄을 넣는다. 그렇게 해서 다시 퇴원할 수 있을 정도로 건강해지면 좋겠지만, 초고령자의 경우 그럴 가능성은 낮다. 설령 회복된다고 해도 나이나 근본적인 질병이 회복되는 것은 아니기 때문에 다시 같은 상태로 돌아가는 것이 고작이다.

냉정하게 생각하면 이해할 수 있지만, 평소 마음의 준비를 하지 않았으면 구급차를 부르지 않기가 오히려 힘들다. 그래서 반사적으로 구급차를 부르는 것이다. 이것은 쓰러진 환자를 위해서가 아니라 불안감을 견디지 못하는 가족들이 안심하기 위해 부르는 것에 가깝다. 그렇게 병원으로 이송된 환자는 앞서 언급했던, 괴로운 과정을 모두 겪게 된다. 그러다 병원에서 사망하게 되면, 집에서 조용히 임종을 맞이할 수 있었음에도 불구하고 불필요한 고통을 겪게 되는 것이다.

그래도 병원으로 이송하지 않을 수 없다고 생각하는 사람은 스스로가 의식을 잃은 환자가 되었다고 상상해보라. 가족들을 안심시키기 위해 갈비뼈가 부러지는 심장 마사지를 받고, 입에 갈고리 모양의 쇠로 된 고리와 플라스틱 튜브를 꽂고 요도에 관을 꽂아도 괜찮겠는가? 초고령자 가족이 있는 사람들은 '마지막 효도'라는 생각으로, 환자가 의식을 잃어도 구급차를 부르지 않겠다고 평소에 마음을 단단히 먹어두는 것이 좋겠다.

위영양관 삽입의 장단점

위영양관 삽입술도 많은 사람들이 고민하는 문제일 수 있다. 이 치료술은 입으로 음식을 섭취할 수 없게 된 사람의 복부에 위루관이라는 실리콘 튜브를 위에 직접 꽂아 고정하여 영양제나 수분을 정맥주사처럼 주입할 수 있도록 하는 것이다.

왜 입으로 음식을 먹지 못하게 되는 걸까? 많은 경우 노화로 인해 삼키는 능력이 떨어지거나 삼킬 때마다 먹은 음식물이 기관지로 넘어가 숨이 막히는 현상이 일어나기 때문이다. 이를 '흡인'이라고 하는데, 젊은 사람의 경우 흡인을 하면 기침 반사로 다 토해낸다. 하지만 고령자는 반사신경이 둔해져서 먹은 음식물이 기도로 넘어가고 세균이 번식해 '흡인성 폐렴'을 일으킨다. 젊은 사람은 잘 걸리지 않는 질병이지만, 고령자는 체력이 떨어져 있기 때문에 생명이 위험할 수도 있다.

그래서 노화로 인해 삼키는 것이 잘 되지 않으면 위영양관을 넣는다. 이렇게 하면 폐렴의 위험은 줄어들지만, 입으로 먹고 마시는 것이 불가능해진다. 입으로 먹는 즐거움을 희생하고 폐렴을 예방할 것인가, 폐렴의 위험을 감수하고서라도 입으로 먹고 마시는 즐거움을 남겨둘 것인가. 둘 중 하나를 골라야 하는 쉽지 않은 선택의 기로에 서게 된다.

삶의 즐거움은 먹는 것만이 아니기 때문에, 생명을 우선시해야 한다고 생각하는 사람이 많을지도 모르겠다. 하지만 상황은 그렇게 간단하지 않다. 삼키는 기능이 떨어질 정도로 노화가 진행된 상태에서는 시력도, 청력도, 보행 기능도 떨어졌을 가능성이 크다. 그러면 보는 즐거움도, 듣는 즐거움도, 걷는 즐거움도 느끼기 어렵다. 그래서 먹는 것이 마지막 즐거움이 되기도 한다. 이럴 때 본인이 먹는 즐거움을 포기할 수 없다고 하면 주변은 난감해진다. 노화와 죽음 사이에서 종종 이런 힘든 선택을 하도록 강요받기도 한다. 그러므로 듣기 좋은 예쁜 말이나 그림 같은 이야기에 현혹되지 말고, 힘든 선택을 견딜 수 있는 정신력을 비축해두어야 한다.

위루술에 관련한 문제가 한 가지 문제가 더 있다. 위루술이 필요한 경우는 뇌졸중 등으로 식물인간이 되거나 초고령의 나이로 인해 쇠약해져 입으로 음식을 먹을 수 없게 되는 경우 등이다. 이때 위루로 영양을 공급하면 환자가 죽지 않는다. 죽지 않으면 좋다고 생각할 수도 있지만, 의식도 없고 말도 못하고 움직이지도 못하는 식물인간 상태에서 관절은 수축되고, 욕창 예방을 위해 하루에도 몇 번씩 몸을 움직여줘야 하고, 몸을 씻어내야 하고, 소변줄을 넣어도 대변은 일일이 처리해야 한다. 집이라면 방 하나를 차지하고, 시설이라면 의료비가 들고, 말을 걸어도 아무런 반응도 없는 상태가 몇 년이나 지속될지 알 수 없다. 의식이 살아 있더라도 위루술을 하면 당연히 하루종일 누워만 있어야 하고, 환자 본인은 아무런 즐거움도 없이 계속 시체처럼 살아만 있게 된다. 이것을 과연 인간으로서 존엄한 상태라 할 수 있을까?

가족들은 의사로부터 "위루술을 하지 않으면 머지않아 곧 돌아가실 겁니다"라는 말을 듣고, 위루술을 거부하면 마치 소중한 가족을 굶겨 죽이는 것이라고 느끼는 듯하다. 그래서 죄책감을 피하기 위해 위루술을 진행한다. 하지만 위루로 인해 언제 생이 끝날지 모르는 상태가 계속되면, 입 밖으로 내뱉지는 않아도 후회하는 가족이 있는 것 같다.

서양에서는 고령으로 식사를 못하게 된 사람에게 억지로 음식을 먹이는 것을 학대라고 판단한다. 가족들이 선의로 노인에게 음식을 먹이려고 하는 일본과는 정반대의 발상이다. 위루술이 보급되기 시작했을 때, 재택의료 클리닉에 몸 담고 있던 나 같은 의사들은 정맥주사로 환자를 더 이상 아프게 하지 않아도 되고,

영양도 충분히 공급받을 수 있고, 쓴 약도 위루를 통해 투여할 수 있어서 기뻐했다. 다른 의사들도 마찬가지였다. 하지만 지금은 위루에 신중해야 한다는 사람이 늘고 있다. 다른 연명치료와 마찬가지로 일단 한 번 시작하면 중단하기 어렵기 때문이다.

'신 노인력'을 권하다

정신적으로 바람직한 죽음을 맞이하려면 어떻게 해야 할까? 정신적으로 잘 죽는다는 것은 자신의 삶에 만족하고, 충분히 살았다고 느끼며 염려없이 마음 편히 이 세상을 떠나는 것이다. 정신적으로 바람직한 죽음을 가장 구체적으로 느끼게 해준 사람은 나의 아버지였다. 아버지는 죽음이 다가오는 것을 거부하지 않았다. 실제로 임종 전에 "이제 충분히 살았다, 좋은 인생이었어"라는 말을 반복하며, 마지막 1년 남짓한 시간을 만족하며 사셨다. 그런 경지에 도달하기 위해 아버지가 실천했던 것이 바로 '신 노인력'이다.

'노인력'은 1988년 전위예술가이자 작가인 아카세가와 겐페이가 쓴 베스트셀러 에세이 제목에서 온 말이다. 예를 들어 나이가 들어 기억력이 떨어지면, 건망증이 심해진 게 아니라 '망각'이라는 노인만의 능력이 생겼다고 보는 관점이다. 단순한 발상의 전환일 수도 있지만, 아버지는 아카세가와 겐페이의 생각에 감탄하며 스스로도 여러 가지 새로운 '노인력'을 생각해냈다. 나이가 들어 움직임이 느려지면 '느림의 힘'이 생겼다고 말하고, 효율적으로 움직이거나 생각하지 못하는 것은 '여유의 힘'이 생겼다고 했다. 젊었을 때는 효율적으로 움직이려고 아등바등 애썼지만, 지나고 보면 별 효과도 없었던 경우가 적지 않다. 그렇다면 '여유의 힘'으로 살면 그만이다. 어린 시절의 사진을 찾지 못했을 때도 아버지는 중간에 찾기를 멈추고 "포기하면 된다"고 말했다. 즉 '포기의 힘'이 따라온 것이다. 그 밖에도 노화로 인한 부자유스러운 생활이나 뜻대로 할 수 없는 것들도 '수용의 힘'으로 극복하고, 현재에 대한 '만족의 힘'과 '감사의 힘'을 발휘하여 매일을 평온하고 온화하게 보냈다.

물론 만족과 불만은 절대적인 척도가 있는 것이 아니라 자신의 기대와 현실을 비교하여 결정되는 것이다. 기대치를 낮추면 낮출수록 만족감은 높아진다. 즉 만족이란 '기대치를 낮추는 힘'이라고 할 수 있다. 말하기는 쉬워도 실천하기는 어려운 법. 많은 사람들이 부족함에 집중한다. 105세까지 장수한 한 노인은 '사람들이 불행에는 민감하고 행복에는 둔감하다'고 말했다.

나이가 들면 자제력과 인내력도 떨어지고 불안과 의심, 공포에 빠지기 쉽다. 그래서 마음의 준비를 잘하지 않으면 '마이너스 노인력', 즉 불평과 분노, 슬픔, 걱정, 자기중심, 질투, 피해망상 등이 커질 수밖에 없다. 이로 인해 불쾌해지는 것은 자기 자신이다. 아버지가 '신 노인력'을 발휘할 수 있었던 것은 역시 늙기 전부터 마음의 준비를 하고 욕망과 불만을 컨트롤하려는 노력이 있었기 때문이다.

코로나 팬데믹으로 드러난
안심에 대한 갈망

　　그러나 현실 생활에서 성인군자처럼 살기는 쉽지 않다. 여러 가지 힘든 상황들, 불편함과 걱정, 성가신 일들이 닥쳐오는 것이 우리네 삶이니까. 2020년부터 맹위를 떨친 코로나 팬데믹을 겪으면서 안심에 대한 사람들의 갈망은 대단했다. 백신 접종에 대한 시시비비로 온갖 정보가 난무하고, '자숙경찰'(코로나 팬데믹 당시, 일본의 주요 방역정책이었던 격리지침을 위반한 개인이나 자영업자 등을 사적으로 감시, 적발, 공격했던 이들을 이르는 말)의 움직임이 확산되고, 의료현장이 붕괴될 위기에 처하는 등 혼란이 계속되었다.

　　TV 뉴스나 보도 프로그램에서 많은 전문가들이 다양한 의견과 정보를 제공하려 애썼지만, 나는 항상 그것을 보며 고개를 갸웃거릴 뿐이었다. 신종 코로나 바이러스는 새로운 병이었기에 때문에 아직 모르는 것이 많고, 관찰된 사건이나 얻은 데이터를 확인할 수 있는 시간적 여유가 없었기 때문에 공표되는 정보는 모두 '예상'에 불과하다는 생각이 들었다. 사실 대로 '아직 잘 모르겠다'고 하면 다음부터 방송에 불러주지 않을 것이기 때문에 방송에 나온 전문가들은 말끝을 잘 조절하면서 시청자 납득할 만한가 정보들만 전달했다.

하지만 시간이 지나고 검증이 이뤄지면서 '그 정보는 틀렸다' 혹은 '그건 의미가 없었다'는 것들이 속속 밝혀졌다. 예를 들어, 알코올 소독이나 마스크가 얼마나 예방 효과가 있는지는 확인하기 어렵다. 의학적인 증거는 무작위 대조시험을 이용하여 두 그룹의 결과를 비교하고 그들 사이에 유의미한 차이가 있다는 것을 증명해야 한다. 그러나 코로나 팬데믹이 한창인 상황에서 알코올 소독이나 마스크 착용을 하지 않는 그룹을 만드는 것은 인도주의적인 문제가 있기 때문에 (만약 알코올 소독 등이 코로나19 예방에 효과적이라면 이를 하지 않는 그룹이 위험에 빠질 수 있음) 시행할 수 없는 것이다. 마스크를 통한 예방은 아무리 비말 시뮬레이션을 해도 증거가 될 수 없다. 알코올 소독 역시 무작위 대조시험을 해서 유의미한 차이가 나왔다고 해도 알코올 농도, 소독 시간, 소독 방법 등에 대한 엄격한 데이터를 제시하지 않으면 실용적인 증거가 될 수 없다. 또한 증거가 있다고 해도 연구자들은 종종 자신의 가설에 유리한 실험을 짜는 경우가 많기 때문에 전적으로 신뢰할 수 없다. 설령 공정하고 신뢰할 수 있는 증거가 나온다고 해도 그것은 어디까지나 통계적 데이터일 뿐, 개개인에게 적용될 수 있는지는 또 다른 문제다.

사람들은 '그렇다면 도대체 무엇을 믿어야 하냐?'고 물을 것이다. 이는 곧 '안심에 대한 갈망'이다. 답을 구하고 안심하려는 마음은 가짜 뉴스와 SNS의 정보를 포함해 온갖 잡다한 정보를 생산하고 널리 퍼뜨리는 밑거름이 되어 사람들을 혼란에 빠지게 만든다. 신종 코로나뿐만 아니라 노화와 죽음에 관한 듣기 좋은 정보도 마찬가지다. 안심에 대한 갈망에 사로잡혀 지나치게 낙관적인 발언 등으로 사람들을 방심하게 하고, 결과적으로 좋은 최후에 대한 준비를 소홀히 하게 만드는 것은 아닌지 우려스럽다.

구하지 않는 힘

혹시 '네거티브 역량'이라는 말을 들어본 적이 있는가? 네거티브 역량은 정신과 의사이자 작가인 하하키기 호세이가 2017년 출간한 책 제목이기도 하다. 그런데 책의 부제에는 '답 없는 상황을 견디는 힘'이라고 적혀 있다. 네거티브 역량은 '짊어지는 능력'이라는 뜻으로, 대응하기 힘든 상황을 인내하는 능력, 성급하게 증명이나 이유를 요구하지 않고 불확실함, 불가사의함, 회의감 속에서 견딜 수 있는 능력이라고 해석할 수 있다. 원래 19세기 영국의 시인 존 키츠John Keats가 사용했던 말로, 오랫동안 묻혀 있다가 1970년 같은 영국인 정신과 의사 윌프레드 R. 비온Wilfred R. Bion에 의해 재발견된 용어다.

코로나 팬데믹으로 양질의 정보와 잘못된 정보가 뒤섞여 범람하면서 엄청난 낭비와 혼란이 발생했을 때, 필요했던 것이 바로 네거티브 역량이다. 네거티브 역량이 사회 전체에 퍼져 있었다면, 사람들은 코로나 팬데믹에 좀 더 차분하게 대처할 수 있었을 것이고, 아무짝에도 쓸모없는 무분별한 비판과 지나친 공격 때문에 스트레스를 받는 일도 없었을 것이다. 이 능력은 코로나 대책뿐만 아니라 노화를 자연스럽게 수용하고 바람직한 임종을 맞이하는 데도 큰 도움이 된다.

네거티브 역량은 다소 생소한 용어이기 때문에, 여기서는 '구하지 않는 힘'이라는 용어로 바꾸어 사용하려 한다. '힘'은 진취적으로 무언가를 추구하기 위해 발휘될 뿐 아니라, 억지력이나 인내력처럼 무언가를 짊어지기 위해서도 (즉, 부정적으로도) 쓰인다. 여러 가지 문제나 고민, 다툼 등은 모두 무언가를 추구하기 때문에 발생하는 것 아닐까?

더 오래 살고 싶다, 언제까지나 건강하게 살고 싶다, 하루하루를 충실하게 살고 싶다, 인생을 더 즐기고 싶다, 마지막에는 고통받고 싶지 않다, 편하게 죽고 싶다 등등 개인이 추구하는 삶과 죽음의 모습을 위해 해야 할 일과 하지 말아야 할 일이 늘어난다. 그리고 관련 정보에 현혹되어, 그럴듯하게 소비자를 기만하는 건강보조식품, 자기계발서, 정보지 등에 헛돈을 낭비한다.

　　바람직한 임종을 맞이한 사람들은 미리 자신의 죽음에 어떤 주문도 걸어놓지 않고, 있는 그대로를 담담하게 받아들였다. 다시 말해 '구하지 않는 힘'이 강했던 사람들이다. 하지만 지금 이 책을 손에 쥔 독자들은 삶의 마지막을 잘 맞이할 수 있는 비결 같은 것을 원하기 때문에 여기까지 온 것일 게다. 만약 '구하지 않는 힘'이 강했다면 처음부터 이 책을 읽지 않았을지도 모른다.

　　'구하지 않는 힘'을 체득하기는 쉽지 않다. 하지만 방법은 있다. 나 역시도 형편없는 죽음을 맞이한 사람들과 좋은 죽음을 맞이한 사람들을 모두 접하면서 아무것도 바라지 않는 것이 좋은 죽음을 맞이하는 데 더 도움이 된다는 것을 깨달았으니까.

　　선인들의 가르침 속에서도 '구하지 않는 힘'을 배울 수 있다. 시인이자 도교 사상가인 카지마 쇼조가 2007년에 펴낸 시집《구하지 않는다》가 떠오른다.

구하지 않는다 —
그러면
지금 충분히 가지고 있다는 걸 깨닫는다

구하지 않는다 —
구할 때는
보이지 않던 것이 보인다

구하지 않는다 —
그러면
생명이 원하는 것은 다른 것임을 알게 된다

이 시를 읽을 때마다 나는 마음이 평온해지고, 죽음을 그대로 받아들이는 것도 나쁘지 않다는 생각이 든다.

자기 긍정과
감사하는 마음

아버지는 임종하기 얼마 전부터 몇 번이고 "좋은 인생이었다"라고 중얼거리듯 말했다. 그렇게 생각하며 인생을 마무리한다면, 좋은 죽음이라고 할 수 있다. 물론 87년간 아버지의 생에 여러 가지 일들이 있었을 것이다. 내가 아는 범위 내에서도 결코 좋은 일만 있었던 것은 아니니까. 직업적인 측면에서도, 가정 내에서도 여러 가지 어려움과 굴욕, 억울함도 있었다. 그래서 아버지가 병상에 누워계실 때 간병하던 어머니는 아버지가 '잘 살았다'고 중얼거려도 그렇다고 한 번도 맞장구쳐주지 않았다. 어머니는 어머니의 기준이 있어서 아버지의 잘 살았다는 말을 인정하지 못한 것인지도 모르겠다.

어쨌든 자신의 삶이 좋았다고 생각하는 것은 좋은 일, 좋은 경험에만 집중했기 때문이다. 즉, 자기긍정이다. 누구나 싫은 일, 힘든 일은 있기 마련이고, 언제까지나 그것에만 신경 쓰고 후회한다면 평안한 마음으로 임종하는 것은 불가능하다.

　　성격에 따라 자기긍정을 할 수 있느냐, 없느냐가 달라질 수 있기 때문에, 어릴 때부터 힘든 상황에서도 자기긍정할 수 있는 성격이 되도록 노력하는 것이 좋을지도 모르겠다. 나는 자기긍정을 잘 못해서 (그렇게 하면 더 이상 발전이 없을 것 같아서) 평소에는 최대한 엄격하게 나 자신을 평가하려고 노력한다. 그래도 죽기 전에는 아마 마음껏 자기긍정을 할 것 같다. 그때까지 스스로에게 엄격하게 했던 일들이 적립금처럼 쌓여 최선을 다했다고 느낄 수 있을 것 같기 때문이다. 남들이 보기에 너무 관대한 평가라고 할지 모르지만, 죽기 직전에 한 번쯤은 멋대로 자기긍정을 하더라도 용서받을 수 있을 것 같다(딱히 용서받지 못한다고 해도, 마음대로 할 생각이다).

　　끝까지 자기긍정을 하지 못하고 인생에 후회를 남긴다면 그것 또한 일종의 교만이 아닐까 생각한다. '더 잘할 수 있었을 텐데, 더 열심히 할 수 있었을 텐데' 하는 생각은 자기 자신을 과신하고 있기 때문에 드는 생각이다. 그런 짓을 하지 말았어야 했는데, 어리석은

짓을 했다고 후회하는 것도 어딘가에 자신이 더 훌륭한 사람일 거라는 굳은 믿음이 있기 때문이다. 운이 좋거나 나빴던 것도 있지만, 그건 그때 가서 후회해도 달라질 게 없다. 그보다 더 불운한 사람도 있고, 불합리한 일을 당하는 사람도 있으니까. 눈 앞의 것들을 비교하면서 일희일비하는 것은 어쩔 수 없는 일이지만, 시야를 넓혀 보면 모든 것이 덧없는 우주 만물의 조화에 불과하다.

그렇다면 인생의 마지막 남은 시간 동안은 마음 가는 대로 자기긍정을 하면서, 기쁨과 즐거움에 몸을 맡기는 것도 나쁘지 않을 것 같다. 도저히 그럴 수 없다면 감사하는 마음으로 돌아가는 것도 좋은 방법이다. 이것도 아버지에게 배운 것이지만, 감사하는 마음이 깊어지면 불평, 부족함, 불만이 사라지고 자신에게 주어진 많은 은혜와 친절, 행운을 깨닫고 평온한 마음을 가질 가능성이 높아진다.

어쩐지 마지막은 스님의 강론처럼 되어버렸지만, 좋은 임종을 맞이하기 위한 가장 중요한 비결은 자신의 상황을 있는 그대로 받아들이는 마음이다.

나가는 말
이상적인 최후

이 책을 마무리하는 글을 쓰려는데 마침 신문에서 '이상적인 최후는 생각에 잠기게 한다'라는 기사를 발견했다. 독자에게 바람직한 최후를 맞이하는 방법을 묻는 특집기사였다. 기사에는 '마지막까지 건강하게 지내다가 집에서 갑자기 죽고 싶다', '저녁 식사 후 목욕을 하고 푹 잠든 채로 그대로 죽고 싶다', '가급적이면 남편보다 먼저 죽고 싶다', '정원에서 금목서의 달콤한 향기에 둘러싸여, 이인삼각 함께 걸어온 아내의 보살핌을 받으며 임종하고 싶다' 등 꿈 같은 답변이 대부분이었다.

'이상적인 최후'이기 때문에 어쩔 수 없는 것일지도 모르지만, 자신의 죽음에 대해 그렇게 낭만적으로 생각하고 있어도 괜찮을지, 남의 일 같지 않아 걱정스러웠다. 아무런 준비 없이 낙관적이고 느긋하고 무사태평하게 끝까지 평온한 태도를 유지하며 잘 죽는 사람도 분명 있을 것이다. 그런 경우를 보고 '나도 잘 될 거야'라고 방심하는 것만큼 위험한 것도 없다. 위기관리 측면에서는 최악의 상황을 최대한 많이 보고 대비하는 것이 더 안전하다.

그러나 언론은 죽음과 관련하여 비참한 사례나 깊은 후회를 남기는 사례를 거의 보도하지 않는다. 불길하고 불쾌할 수도 있지만, 현실에 존재한다면 그런 사례도 정확히 전달하는 게 언론의 의무가 아닐까? 미디어뿐만 아니라 픽션의 세계에서도 의료와 관련된 장르에서는 밝고 재미있고 감동적인 이야기가 많이 다뤄진다. 드라마를 보면서 시청자들이 현실의 의료도 저렇게 훌륭할 것이라고 생각하진 않겠지만, 해피엔딩에 현혹되어 마음의 준비를 소홀히 하면 정작 자신이 그 위치에 섰을 때 깊은 절망과 분노를 경험할 가능성이 높다.

이 책에서 비참한 현실과 독한 지적을 마다하지 않은 이유는 위기관리를 위해 마음의 준비가 필요하다고 생각했기 때문이다. 실제로 의료의 한계와 모순, 부조리를 직접 겪은 사람으로서, 불쾌한 사실이지만 이를 솔직하게 전달할 의무가 있다고 생각했다.

나는 해외를 포함해 여기저기 많은 근무지를 옮겨다닌 덕분에 일반 의사들보다 더 많은 죽음의 모습을 접할 수 있었다. 하지만 '이렇게 하면 잘 죽을 수 있다'는 방법을 찾지는 못했다. 죽음은 예기치 못한 일이 발생하고, 생각대로 되지 않는 경우가 더 많기 때문이다. 나 자신도 어떠한 최후를 맞이하게 될지 모르고, 좋은 죽음을 능숙하게 맞이할 자신도 없다. 그토록 자택임종을 권유해놓고, 정작 나는 병원에서 죽게 될지도 모른다. 마지막의 마지막까지 병원 치료에 의지해서 튜브와 기계에 연결된 채 존엄하지 못한 상태로 죽을 가능성도 있다. 그때는 비웃어도 괜찮다. 아마 그 비웃음이 내 귀에는 들리지 않겠지만.

결국 죽음은 누구에게나 단 한 번 뿐이며, 그 순간은 본인 스스로 감당해야 한다. 그때가 왔을 때, 더 많은 분들이 안녕한 죽음을 맞이하길 진심으로 기원한다.

안녕한 죽음

두려움을 넘어 평온한 마지막을 준비하는 지혜

초판 1쇄   2025년 6월 16일

지 은 이   구사카베 요
옮 긴 이   조지현
감   수   박광우

책임편집   박병규
디 자 인   select_form

펴 낸 이   박병규
펴 낸 곳   생각의닻
등   록   2020년 11월 11일 제2020-40호
주   소   (14548) 경기도 부천시 원미구 중동로254번길 90,
           6262호(워크리움 신중동)
전   화   (070) 8702-8709
팩   스   (02) 6020-8715
이 메 일   doximza@gmail.com
I S B N   979-11-973552-9-5 (03100)